U0583136

文化翻译与传播研究

李晓朋 ◎ 著

吉林出版集团股份有限公司

图书在版编目（CIP）数据

文化翻译与传播研究 / 李晓朋著．— 长春：吉林
出版集团股份有限公司，2022.4
ISBN 978-7-5731-1408-2

Ⅰ．①文… Ⅱ．①李… Ⅲ．①中华文化－文化传播－
研究 Ⅳ．①G125

中国版本图书馆 CIP 数据核字（2022）第 055650 号

文化翻译与传播研究

著　　者　李晓朋

责任编辑　滕　林

封面设计　林　吉

开　　本　787mm×1092mm　　1/16

字　　数　250 千

印　　张　11.25

版　　次　2022 年 4 月第 1 版

印　　次　2022 年 4 月第 1 次印刷

出版发行　吉林出版集团股份有限公司

电　　话　总编办：010-63109269

　　　　　发行部：010-63109269

印　　刷　北京宝莲鸿图科技有限公司

ISBN 978-7-5731-1408-2　　　　　　　　定价：68.00 元

前　言

美国著名人类学家怀特曾说："语言是文化的载体，每个民族的文化在其语言中表现得最为全面和完美。"诚如此言，语言是文化的载体和传播工具，是反映一个民族文化显著特征的最佳方式，也是容纳整个民族文化内涵的最佳途径。它不仅包含民族的历史和文化背景，而且蕴藏着该民族的生活方式和思维方式。语言不仅仅是一套符号系统，它和文化一样，都属于社会现象，具有社会功能。语言不仅具有表达观点、交流思想的个体功能，而且还具有民族文化载体的整体功能。没有语言的承载与传播，文化就很难世代相传；脱离了文化背景，语言也不可能得以发展。因此，要搞好跨文化交际，首先必须学好语言。

一方面，在不同地域文化、语言之间存在一定的文化差异。文化的交流与合作，大多数情况下需要语言的翻译来实现信息沟通。翻译是一门专业技术。翻译的具体形式很多，有口译、笔译、机器翻译等。翻译的实践操作遵循严格的标准，如著名翻译家严复提出的翻译标准"信、达、雅"。翻译也是一种特殊形式的信息传播。整个翻译活动实际上表现为一种社会信息的传递，是传播者、传播渠道、受者之间的一系列互动关系。另一方面，在当前全球化的时代背景下，各个国家在政治、经济、文化、技术、教育、体育等各方面积极展开交流与合作。尤其在不同国家之间跨文化的交流活动中，英语成为人们最广泛使用的语言沟通交流工具。因此，跨文化传播视角下英语翻译技巧及方法成为英语翻译学者或研究者的重点学习对象之一，也是语言学的热门研究领域之一。

本书在阐述文化翻译传播理论的基础上，对文化翻译传播理论相关策略手段及其主要观点做了进一步分析，并对文化翻译的主要技巧做了具体的解读。同时，本书还基于跨文化传播视角，将理论与实践相结合，深入分析了新闻、营销、影视、广告、外贸等多个文化领域的对外传播与翻译策略，并进行了具体的翻译实践，旨在为对外宣传我国优秀文化提供理论上的指导。由于编写时间和作者水平所限，书中难免会有不足或疏漏之处，希望各位同行和专家批评指正。

著　者

2022 年 1 月

目　录

第一章　绪论 ·· 1

　　第一节　文化翻译与传播的相关概念及关系 ······················· 1

　　第二节　翻译与传播的社会文化功能 ································· 13

　　第三节　文化翻译与传播面临的问题与挑战 ······················ 15

第二章　翻译与文化交流传播 ··· 26

　　第一节　翻译中影响文化交流传播的因素及应对策略 ··········· 26

　　第二节　文化外译与传播的路径研究 ································· 33

　　第三节　文化外译与传播的演变趋势 ································· 36

　　第四节　文化翻译传播过程的四种模式 ····························· 38

第三章　翻译中文化信息传播的失真及应对策略 ······················ 47

　　第一节　翻译作品中存在的问题 ······································ 47

　　第二节　造成文化信息传播失真的原因 ····························· 51

　　第三节　翻译传播中文化的失真实例分析 ·························· 55

　　第四节　避免文化信息传播失真的对策 ····························· 68

　　第五节　文化传播失真应对策略的实践—以影视翻译为例 ······ 76

第四章　文化传播中翻译关键属性分析 ··································· 81

　　第一节　基于传播要素分析的翻译选材原则 ······················ 81

　　第二节　翻译和文化的建构与传播——兼论韦努蒂的抵抗式翻译策略 ······ 89

　　第三节　翻译在跨文化信息传播中的“边界”标准 ··············· 95

　　第四节　跨文化视角下文化翻译传播属性关键因素分析 ········· 99

第五章　翻译的归化异化与文化传播 ·· 104

　　第一节　归化异化与文化翻译传播 ·· 104

　　第二节　归化与异化翻译在中国文化对外传播中的应用 ············· 108

　　第三节　归化异化策略的实践应用——以《权力的游戏》台词翻译为例 ··· 112

第六章　翻译对文化传播的作用 ·· 116

　　第一节　外宣翻译对跨文化传播的影响 ·· 116

　　第二节　众包翻译对中国跨文化传播的作用 ·································· 120

　　第三节　模糊翻译在文化传播中的应用——以陶瓷文化为例 ········· 126

第七章　外界媒介和文化软实力在文化翻译传播中的作用 ············· 131

　　第一节　新媒体在文化翻译与传播中发挥的作用 ························· 131

　　第二节　中国文化软实力构建中的对外翻译传播构建 ················· 135

第八章　中华传统文化翻译与传播的实践与思考 ·························· 139

　　第一节　中国故事与中国声音的跨文化翻译与传播 ···················· 139

　　第二节　中国特色词翻译与中国文化对外传播 ························· 143

　　第三节　武术术语翻译及其跨文化传播 ·································· 148

　　第四节　中国饮食文化的传播与菜名的翻译 ···························· 155

　　第五节　中医药文化对外传播中的翻译传播学研究 ···················· 159

　　第六节　陶瓷科技术语的文化谱系特征与翻译传播 ···················· 163

参考文献 ·· 170

第一章 绪论

第一节 文化翻译与传播的相关概念及关系

一、文化的特征、定义及分类

（一）文化的定义

在中国古籍中，"文"既指文字、文章、文采，又指礼乐制度、法律条文等；"化"是"教化"的意思。汉代刘向在《说苑》中说："凡武之兴，为不服也，文化不改，然后加诛。"其中"文化"一词与"武功"相对，含教化的意思。在西方，"文化"（culture）这个词有两个拉丁词根：cultura 和 colere。前者的意思是开垦，后者的意思是耕耘，原义基本都是指农耕以及对植物的培育，蕴含着从土地或环境吸取养分的意思。自 15 世纪以来，逐渐引申为对人的品德和能力的培养。在近代，日本人把英文的 culture 翻译成文化，我国也借用了日本人的译法，赋予文化以新的含义。文化一词的中西两个来源，殊途同归，今人都用来指人类社会的精神现象，或泛指人类所创造的一切物质产品和非物质产品的总和。长期以来在许多人的表述中，文化多呈现为器物、思维、艺术或风俗等静态意象或状态，归属于人类学的知识谱系。但阿兰·斯威伍德却认为其实文化同样是一种实践行为，是以意识、行为与特定的价值观作为基础，然后寻求改变世界的一种手段。

关于文化的定义，由于文化是在隐喻的意义上使用的，理解不同，定义也就多种多样了。不同领域的学者已经从不同视角、在不同层面给出了数百个定义。不过截至目前，由人类学家爱德华·泰勒在 1871 年提出的定义仍是引用率最高，被认为是最具有科学意义、涵盖面最广、最精确的定义之一，其影响也是最大的。他的著名定义是："文化或文明，就其广泛的民族学意义来讲，是一个复合整体，包括知识、信仰、艺术、道德、法律、习俗以及作为一个社会成员的人所习得的其他一切能力和习惯。"在诸多文化概念中,我们可以大致将其归纳为两种类型:一是针对社会结构意义上的文化,二是针对个体行为意义上的文化。前者指的是一个社会中长期、普遍起作用的行为模式和行动的实际准则;后者是个体习得的产物,包括群体成员为了在参与活动的群体中被相互接受而必须具备的文化要素。对文化的定义与讨论也进一步表明了:文化并不仅仅是对社会存在的反映,它本身就是对人类一切行为的技术方式、社会方式和价值取向的解释、规范和综合,是人与自然、人与社会以及人与自身关系的体现。

根据时代特色及研究内容,本论文视阈下的文化内涵,大致可等同于联合国教科文组织在 2001 年发表的《世界文化多样性宣言》(*Universal Declaration on Cultural Diversity*)中使用的解释:文化是某个社会或社会群体特有的精神、物质、知识与情感等方面一系列特质之总和;除了艺术和文学之外,还包括生活方式、共同生活准则、价值观体系、传统和信仰。

(二)文化的特征

与本论文的讨论相关联,综合孙英春、胡文仲及萨默瓦等的研究,我们认为文化的特征大致体现在以下五个方面:

第一,文化具有传承性。文化是人类进化过程中衍生、创造和继承的一种代代相传的习得行为,能够促进个体和社会的生存、适应和发展。但文化不是人们生理先天的遗传,而是社会遗产,是人们在社会化过程中后天习得的知识和经验。

第二,文化具有民族性。文化是特定社会和群体中大多数成员共同接受和共享的,往往以民族的形式出现的行为规范,比如共同使用的语言、共同遵守的制度习俗,以及大多数成员都具有的心理素质和性格。

第三,文化具有系统性。文化是一个社会中历史、地理、认知体系、规范体系、语言符号、物质产品等各种要素组成的一个整合体系,体系的各部分互相联结、互相依存,密切交织在一起,任何一个部分的变动,都往往会影响到其他部分。

第四,文化具有适应性。当两种文化相遇,一开始可能会出现文化休克(cultureshock)甚至冲突,但逐渐地彼此也会自觉不自觉地、或多或少地得以适应和融合。一般而言,总是弱势文化在适应强势文化。

第五,文化具有稳定性与变异性。在一般意义上,人类各种文化都具有保持内部稳定的文化结构,包括相对稳定的规范和观念,如习俗、道德、世界观、价值观等等,可以在面临外部文化冲击时通过吸收、变动等机制来保持自身结构的稳定和平衡。另一方面，文化又是一个活性系统，并非存在于真空之中，而是发展变化的。生产力的发展，新的发明创造、新的观念的出现，政治上的风云突变，经济的全球化趋势甚至战争等都是文化发展变化的主要推动力。可以说文化的稳定性是相对的，而文化的变迁却是绝对的和绵延不绝的。

文化是人类互动行为发生的大环境，影响人类传播的最大系统就是文化本身。人类的任何传播都离不开文化，没有传播就没有文化，受此影响，各种现代文化社会学派都把文化看成象征符号的总和，进而研究文化的传播是如何在社会关系中产生、发展和变化的。许多传播学者还认为，文化的传播功能是文化的首要和基本功能，文化的其他功能都是在这一功能的基础上展开的。其实传播本身就是文化的一个组成部分。

（三）文化的分类

从形态上看，文化可以分为物质文化、制度文化、习俗文化和精神文化四个层次。它们都属于人类精神关照的成果。程度不等地具备精神性特质，因而具有文化内涵。

第一，物质文化。又称物态文化，即蕴含在人类物质生活中的文化，包括人类从事生产活动的器具及其劳动产品。它以满足人类生存发展所必需的衣、食、住、行诸条件为目标，直接反映人与自然的关系，反映人类对自然界的认识、把握、运用和改造的深入程度，反映社会生产力的发展水平。这是一种可触知的具有物质实体的文化事物，构成整个文化的物质基础，但由于它们和人类的知识经验、价值意识、审美情趣相关联，倾注了人的精神因素，因而才使这些产品具有文化意义。从文化的结构层次来看，物质文化处于文化结构的表层。

第二，制度文化。它是人类在社会实践活动中为处理各种社会矛盾、调节人际关系而建立的各种社会活动规范。制度文化指人类在社会实践中构建的处理人与人之间相互关系的准则，并将它们规范化为各种典章制度，如政治制度、经济制度、法律制度、婚姻制度等等。这些制度是由行政权力机构制定并颁布执行的，带有强制规范性质。

第三，习俗文化。它是指人类在社会交往中形成的行为模式和习惯定势，包括礼仪、风俗、习惯等。它们一般都是约定俗成的，对人们的生活和行为具有舆论制约作用。制度、习俗都是思想观点凝结而成的条例、规矩，属于同一层面，即文化结构的中层。

第四，精神文化。又称观念文化，是人类在长期实践中形成的社会心理和社会意识形态。社会心理指人们日常精神状态和思想面貌，是自然产生的大众心态，包括愿望、要求、情感、意志等。社会意识形态是指经过专家理论加工和艺术升华，注入丰富的个性色彩，并以著作等物化形态固定下来的种种社会意识，包括哲学、政治、法律、宗教、道德、文学、艺术等。精神文化，特别是其中的社会意识形态是整个文化系统的主导力量，处于文化结构的深层。

人类创造文化，其目的是为了改善人的生存环境与生存状态，也就是从物质条件、社会生活和精神活动的丰富性、多样性与有序性上不断优化人的生存环境与生存状态。文化面对三个方面的问题，即人与自然之间的关系、人与人之间的关系，以及人自身内部的关系。作为文化创造主体的人，针对自然界，创造了物质文化，用以改善人的物质生活条件；针对人际关系，创造了制度文化和习俗文化，用以改善人的社会生活环境；针对人自身创造了精神文化，用以丰富人的精神生活状态。这几种文化之间相互制约、相互作用，构建了一个完整的、动态的文化有机体。

二、翻译概念及其本质

本质是指事物本身所固有的、决定事物性质、面貌和发展的根本属性。世界上的万事万物都有许多性质，如形状、颜色、气味等。一事物除了具有许多性质外，还与其他事物之间存在各种关系，如上下、大小、左右等等。在形式逻辑中把事物的性质和关系统称为事物的属性。任何事物都有许多属性，在事物的诸多属性中，有些属性是某个或某类事物所特有的，能够决定该事物的本质，并使这种事物与其他事物区别开来。这种事物的基本属性就是事物的本质属性，它是事物本质的规定性。人们对翻译这一"事物"的本质的认识，主要见之于人们给翻译所下的各种各样的定义。谈翻译的本质其实主要就是要回答翻译是一种怎样的活动，它同其他活动相比有什么特殊之处。翻译归根结底是人类的实践活动之一，实践的本质特征就是创造，翻译的创造特征主要体现在译者主体抽象思维、形象思维、情感参与等主观性很强的复杂的过程之中，它作为一项实践活动，涉及主体（译者）和客体（文本、原作者、读者）等多个方面。

什么是翻译？这是翻译研究要回答的根本问题之一。回答这个问题的过程实际上就是对翻译过程或翻译现象进行概念化的过程，而概念化的结果借助语言表达出来就是定义。在过去的半个多世纪里，翻译理论家或出于开展研究的客观需要，或出于揭示翻译本质属性的主观愿望，或出于确定研究对象的学科要求，从未停止过为翻译下定义的尝试。时至今日，出自各类翻译论著的翻译定义俯拾皆是。对于翻译的这些定义虽然众说纷纭、莫衷一是，但它们毕竟从不同角度展示了翻译活动的方方面面，并且丰富、深化了我们对翻译的认识。

（一）翻译概念的演变

在结构主义语言学范式研究阶段，人们普遍认为只有与原文对等的文本才称得上是翻译。翻译一直被看作是两种语言之间的转换过程，译者对原文不应该有个人的主观评价和判断，译者的最高理想就是忠实和完整地把原文翻译到译语中来。从卡特福德到奈达，再到《中国翻译词典》中对"翻译"条目的定义和说明都忽视了翻译的其他目的，而把忠实传达文本作者的原意作为翻译首要的和最终的目的，从而使得翻译研究一直以语言分析和文本对照为主要任务。比如，最早引入中国的翻译概念是由费道罗夫提出的："翻译是用一种语言手段忠实、全面地表达另一种语言表达的东西。（传达的忠实和全面是翻译区别于转述、简述以及各种改写之所在）卡特福德给翻译下的定义是"一种语言（译出语）的话语材料被另一种语言（译入语）中的对等的话语材料替代"。这种定义似乎只把翻译看作是具有两种存在状态的形式，一是源语，二是译语，而不谈翻译主体和翻译过程，所以并没有体现出翻译活动的实质。在奈达看来，"翻译是指首先从语义上，其次是从文体上用最贴切、最自然的对等语，在译语中再现原语的信息。"这几种定义其实并没什么本质差别，它们都把不忠实、不全面、不对等的翻译（如"摘译""编译"等）排斥在翻译之外。在这里，翻译仅仅表现为一种语言间的意义转换活动，却没有揭示出翻译活动的本质，没有体现翻译与其他活动的根本区别。后来费道罗夫又对翻译定义进行了修订，认为"翻译是将一种语言（源语）的言语产物用另外一种语言（译语）予以再现"，并且"翻译是一种语言创作活动"。这个变化反映了论者翻译观的变化，这里已没有了"忠实""全面"等字眼，翻译成了"一种语言创作活动"。在对翻译本质的认识上，威尔斯比以上三位又进了一步，他认为"翻译是将源语话语变为尽可能等值的译语话语的过程"。另外，Bell 在其著作 *Translation and Translating* 一书中，细述了 translation 一词的三个含义：① translating，指翻译过程；② a translation，指翻译过程的产物；③ translation，抽象概念，既包括"过程"也包括"产物"。"翻译"一词有这么多"所指"，论者在论及翻译本质时如果不首先限定其"所指"，就很难说清楚翻译的本质是什么。事实上，翻译不仅应指翻译行为而且还涉及翻译过程，只有经过如此限定之后，关于翻译本质的争论才有意义。

图瑞抛弃了基于先验猜测的定义范式，充分尊重不同历史时期、不同文化背景下的翻译实践与判定翻译的标准，把所有被译入语系统视作翻译的语言活动都纳入了翻译的范畴。这样一来，翻译研究的对象空前扩展，不仅是误译、不对等的翻译，就连转译（通过一种中介语言进行翻译）和伪译（不存在原作的翻译）都可以成为研究对象。图瑞以服务于描述译学的理论建构为宗旨，提出了如今被广泛引用的他对翻译的定义：不论基于什么理由，译入语系统中任何以翻译的形式出现或被视作翻译的译入语文本都是翻译。这样，翻译的概念就得到了拓展，从而使长期被忽视的翻译现象得到应有的研究地位。图瑞的翻译定义不完全限定研究对象，充分考虑到了翻译活动的民族性、地域性和历史性，如实地反映了翻译的客观存在。它没有对概念的内涵做过多的限定，因而其外延相当宽泛，包容性极强，几乎能够涵盖所有的翻译现象。因此，接受并采用图瑞的翻译定义可以使翻译研究的领域更为广阔。

（二）翻译的本质

中国以及世界各国悠久的翻译活动都表明，传达作者的原意只是翻译的众多目的之一，偏颇地理解翻译的性质，必然忽视某些重要的事实，如翻译活动在主体文化中的功能等。功能派翻译理论就是把翻译置于跨文化交际和传播的范畴进行研究，认为翻译是一种有目的的跨文化的互动行为。比如，曼塔莉提出了"翻译行为"这个概念，将翻译行为定义为"为实现信息的跨文化、跨语言转换而设计的复杂的行为"。

众所周知，任何一种语言都不单纯是字、词、句的组合，而是使用该语言的民族的历史、文化，甚至心理感情等各方面的沉积。从一种语言到另一种语言的信息传递过程也不可能只是字、词、句之间的机械转换，而是一种文化迁移和文化转换。文化具有民族性、地域性、时代性，文化也需要传播和发展——不仅在同一文化内部，而且在异质文化之间。因此，异语文化之间需要沟通，而沟通就离不开翻译，由此可知，翻译的本质其实就是跨文化传播和交流，也就是说，跨文化传播是翻译发生的本源，翻译则是跨文化传播的产物和手段，离不开它所在的文化。与其把翻译视为一种跨语言的转换活动，不如把翻译看成是一种跨文化的传播或交流活动更加确切。可以十分肯定地说，翻译本身就是一种文化，就是一种将某种语言所传递的信息用另外一种语言表达出来的跨文化的交际、交流和传播行为。①

---

① 王英鹏.跨文化传播视域下的翻译功能研究 [D].上海外国语大学，2012.

三、传播的定义与功能要素

（一）传播的定义与内涵

英语中的传播一词 Communication 源于拉丁语的 Communis，其原义为"分享"和"共有"。15 世纪以后逐渐演变为现代词型，其意义包括"通信、会话、传达、沟通"以及"交流、交往、交通"等等。19 世纪末起，Communication 一词成为日常用语并沿用至今，成为使用最为频繁的词语之一。由于传播的研究范围极广，学界对"传播"的定义如同对"文化"的界定一样众说纷纭，迄今为止相关定义已经超过百种，其中比较有代表性的，有"过程"说、"互动"说、"共享"说、"影响"说和"反应"说等等。它们从不同角度、不同侧面对"传播"进行解读。正如威尔伯·施拉姆所言："我们既不完全像神，也不完全像动物。我们的传播行为证明我们完全是人。"传播是人类所特有的，也是人类生活中最具普遍性、最重要和最复杂的方面，这是传播内涵的复杂性所在。人们已普遍认同的传播是人类传播或社会传播，是指个人与个人之间的信息交流和精神交往活动，指信息在一定社会系统内的运行。社会传播可以归结为社会活动或社会行为。正是由于人类社会有传递信息的需要，因而才有了传播行为的发生。本论文使用的传播概念，同时具有以下三个方面的内涵：

第一，传播具有社会性。传播是人类特有的活动，社会人是传播的主体——社会人既是信息的传播者，又是信息的接收者；既是产生传播的原因，又是导致传播的结果。传播与社区（community）、公社（commune）有共同的词根。这一现象并非偶然，没有社区就不会有传播，没有传播，社区也难以为继。这从一个侧面说明了传播的社会性，即人类能够通过传播沟通彼此的思想、调节各自的行为。事实上，通过结成一个有机的整体去从事各种社会活动，也是人类与其他动物群体的主要区别。

第二，传播是不同信息之间的交流、沟通与共享的过程，传播者不是简单地输出信息，接收者也不是被动地接收信息，两者是动态的、互动的，即传播者和接收者之间是相互影响、相互制约、相互作用的。传播过程中一切都可能发生变化，同时也总会有新的东西出现。传播过程是复杂的、多向的、有目标、有需求的信息交流与共享。

第三，传播是一个持续不断的、复杂的、合作建构意义的交流过程，由语言和非语言符号形成意义，进而建造人类生存的意义世界。这里的"意义"是主客观相结合的产物，是客观事物在主观意识中的反映，是认知主体赋予认知对象的含义，也是符号所包含的精神内容。传播作为符号活动，是一个动态多变的编码和译码的过程。当传播者把意义赋予语言或非语言符号时，传播也随之产生了。概而言之，传播的实质就是通过符号和媒介交流信息的一种社会互动过程。在这个过程中，人们使用大量的符号交换信息，不断产生着共享意义，同时运用意义来阐释世界和周围的事物。

（二）传播的要素与功能

最普遍意义的"传播"就是指信息的流动过程，是一种动态、双向的活动。在这种意义上的传播必然包括两方面：信息（传播的内容）和流动（传播的过程）。传播的内容包括传播的材料和负载材料内容的编译码。传播的过程及其效果是通过媒介实现及受众反馈来体现，由此可见传播过程中几个相互关联、相互制约的要素：信息、传播者和接收者、编码与译码、媒介、反馈就构成了传播系统。

第一，所有的人类传播活动都离不开这些传播要素。

①信息。作为传播的材料，信息可以指在特定时间、特定状态下，向特定的人传递的有关特定的事实、思想、情感和知识，是传播或交流的最基本因素。通常，信息总是与现实中的事实相关，并通过一定的载体形式表现出来；而且信息总是处在流动过程中，被相关的信息接收者所分享；它还和环境密切相关。环境作为传播的一个组成部分，可以是社会环境、自然环境、身体状况或心理状况，信息的意义和理解同样也离不开这些环境因素。跨文化传播研究尤其关注环境对信息的影响，因为在一种文化环境中形成和发出的信息意义，往往与另一种文化环境中的接收者领会的意义大相径庭。

②传播者和接收者。传播者是指发送信息的主体，它可以是个人、群体、组织、国家。发送者发出信息有时是有意识的、有时是无意识的；有时是自觉的，有时是不自觉的；有时是有目的的，有时是无目的的。接收者是指接收到信息的主体，也可以是个人、群体、组织或国家。在成功的传播和交流中，接收者的反应与发送者的意愿基本相似，否则传播就很难达到目的。

③编码与译码。传播是通过信息编码和译码来传递意义的过程。编码是通过媒介技术手段把思想、感情、意向等编成别人可以理解的传播符码；译码则是将从外界接收到的传播符码进行破译、赋予意义或进行评价的过程。信息解码后的意义与发送者原意有重合、增加、减少、矛盾等情况。重要的是，编码必须以接收者能够理解为前提，否则信息难以传递。在同文化传播中，信息的发送者与接

收者使用的是同一个"编码本";编码与译码一旦跨越文化的边界,就会形成跨文化传播。

④媒介。媒介还可称传播渠道或信道,是信息得以传递的物理手段和媒介,是连接发送者和接收者的桥梁,也是传播方式、传播手段或传播工具的具体化。传播过程中的各种信息必须通过一种或一种以上的媒介进行传递。当我们说话时,媒介就是空气。空气的振动,把说话者(发送者)的声音传给听话者(接收者)。信件、电话、电传等是常见的个人媒介;报刊书籍、广播影视、互联网等是常见的大众传播媒介。在跨文化人际传播中,传播媒介往往就是人本身——人可以通过自身,接通与他人之间的情感和思想联系。随着科学技术的发展,人类传播信息的媒介日益增多,效率也越来越高,一种信息往往可以通过多种媒介加以传递。

⑤反馈。信息产生的结果返回到原信息传播者的过程,就是传播的反馈。也就是说,接收者把自己的信息加以编码,通过某种渠道再回传给信息发送者。此时接收者充当的是信息发送者的角色,原信息发送者此时却成为接收者。反馈通常是检验传播效果的重要尺度,特别有助于修正传播者当前和未来的传播行为。在跨文化传播中,由于彼此之间的文化差异较大,因而多方面、多渠道的即时反馈就显得越加重要了。

第二,就传播的功能而言,可以用一句话简单地加以概述:传播功能就是传播活动对人类社会所产生的影响、作用和结果。

1948 年,拉斯韦尔(Harold Lasswell)在《社会传播的结构与功能》(*The Structure and Function of Communication in Society*)一文中,较早对传播的功能进行了概括。拉斯韦尔指出,传播主要有三个方面的功能:第一,监视或提供与环境有关的信息,即准确、客观地反映现实社会的真实情况,再现周围世界的原貌及其重要发展,揭示那些会对社会及其成员产生影响的因素;第二,协调社会各部分的关系,就是把社会的各个部分、各个环节、各类因素整合为一个有机的整体,以应对环境的变化和挑战;第三,传递社会遗产,使社会文化世代相传。后来,在拉斯韦尔这一观点的基础上,社会学家查尔斯·莱特又补充了传播的第四个功能,即提供娱乐的功能。

1982 年,施拉姆等学者在《传播学概论》(*Men, Women, Messages, and Media□ Understanding Human Communication*)一书中对传播的社会功能做出了新的概括,认为传播的功能包括政治功能、经济功能和一般社会功能,具体功能为雷达(监视)功能、控制功能、教育功能和娱乐功能。

1981 年，联合国教科文组织在名为"多种声音，一个世界"的报告中，对传播的功能进行了较为全面的描述，包括：①获得消息情报，收集、储存、整理和传播必要的新闻、数据、图片、意见和评论等信息；②社会化，为人们提供从事社会活动的知识，增强人的社会联系和社会意识，使之积极参加公共生活；③动力，即促进各个社会的当前目标和最终目标的最终实现，为激励人们的意愿和理想而奋斗，鼓励人们为实现共同商定的目的而进行个别活动或社会活动；④辩论和讨论，即为便于达成一致意见或澄清不同观点而提供和传播必要的事实，目的是促使人们关心和积极参与本国和国际事务；⑤教育，即传播知识以促进智力的发展，培养人的品格，使人们在人生的各个阶段获得各种技能和能力；⑥发展文化，即传播文化、艺术作品，保护历史文化遗产，激起人们对美学的热忱与创造力，发展文化事业等；⑦娱乐，即传播戏剧、舞蹈、艺术、文学、音乐、喜剧、体育、游戏等，使个人和集体得到娱乐和享受；⑧一体化，即使所有的个人、群体和国家得到各种不同的信息，便于彼此相互了解并借鉴他人的生活经验、观点和思想。

四、文化翻译传播的关系

霍尔 1959 年就在《无声的语言》（*The Silent Language*）一书中阐述了有关文化、传播及跨文化传播的种种观点，影响巨大。他提出了文化即传播、传播即文化的观点。这种以传播定义文化传承的观点一直影响着跨文化传播的研究发展。事实上，文化对传播的影响不仅是持续而深远的，而且也是广泛和普遍的，同时，传播也被视作文化流动和传承的工具，二者在很大程度上是同质同构关系。

（一）文化是传播的语境和内容

传播产生于人类生存和发展的需要，是人类的一种主要生存方式。任何传播都发生在一定的社会文化环境之中，没有文化的传播和没有传播的文化都是不存在的。文化与传播之间是互相渗透、相互兼容的，每一种文化的存在都不是孤立的，而是相互依存、相互依赖。纵观历史文化的发展历程，文化不是一潭死水而是永远流动的，文化一产生就有一种向外扩张和传播的内在驱动力，一经传播就显示出其本身所具有的生机与活力，因此传播是文化生存和发展的内在需求，文化则是传播的必然结果。各种文化一般总是你中有我、我中有你，没有哪种文化是"独家制造"的，所有的文化都具有杂合的特征。

从传播活动的整体来看，它并不是杂乱无章地在随意进行着，而是在社会各种因素的综合影响下宏观有序地进行着。人们总是生活在一定的社会文化环境中，在探索周围客观世界的实践活动中，不断感知周边事物，并做出反应。人们关注什么、思考什么、赋予事物什么意义，这些思维意识形态等方面都受到文化因素的影响与制约，即文化因素决定了人们的思想意识，影响着人们的思维方式，从而决定着人们的选择和行为模式。换言之，文化语境决定了社会整体运行规律包括决定着载播文化的传播模式，并制约和影响着传播者的思维方式、行为模式。同样的内容受不同文化的影响，传播方式和结果会有所不同；而不同的内容在传播过程中又会体现出不同的文化传统和文化特点。由此可见，文化决定了传播规则，决定了人们对传播内容的选择和传播方式的使用。

（二）传播促使文化传承和融合

人从出生开始就接受家庭教育和社会熏陶，一代代从前辈那里接受情感模式、思维习惯、价值观念和行为规范，并经过耳濡目染、潜移默化的内化过程，逐渐根植于人们的思想意识之中。这个过程不仅体现出文化的积存和沉淀，同时也体现了一种文化传播活动。正是由于有了人类的传播活动，得以将社会的文化传统世代相传继承下来，使人类的文化财富经过长期积累而构成文化遗产，才使文化在历史长河中得以积存和沉淀。没有传播，任何文化都将失去生机和活力并将最终走向终结和消亡。人的社会化是一种个体接受所属社会的文化和规范，并将这种文化"内化"为自己行为的价值准则的过程。在这个过程中，一个人逐渐学习到了社会文化，主要是通过文化传播不断地接受社会教化，接受所属社会的文化规范和文化准则，最终从个体走向群体，从自然人变成了社会人。

（三）翻译是一座跨文化传播的桥梁

众所周知，翻译是人类社会迈出相互沟通理解的第一步。无论是东方社会还是西方世界，一部翻译史，就是一部生动的人类社会跨文化传播交流与发展史。随着全球经济一体化步伐的不断加快，世界各国间的科技、经济、文化等领域的交流日渐频繁，对翻译的需要越来越多，翻译的重要性也已凸显。另外，人类社会越发展，越体现出一种开放与交流的精神，越不能故步自封。而人类社会要想走出封闭的天地，首先必须与外界进行接触，以建立起交流的关系，向着相互理解共同发展的目标前进。自从人类有语言文化、习俗风尚以来，各民族之间为了传递讯息、交流文化，没有一件事不是凭借翻译来达成的。翻译恰如一座桥梁，把两个相异的文化连接起来，在不同文化之间的交流过程中扮演着至关重要、必不可少的角色。著名诗人歌德就一直呼唤要打破国界、积极进行不同民族文化间的交流。在他看来，翻译在人类文化交流中起着"至关重要的作用"——不仅起着交流、借鉴的作用，更具有创造的功能。当然，就现实而言，歌德之所以成为世界的歌德、他的文学生命之花之所以开遍异域，其力量也正是靠了翻译这座桥梁。

（四）文化翻译产生翻译文化

文化是社会经验，是社会习得，它只能在社会生活的实际交往中完成；文化又是历史传统，是世代相传、不断延续的结果。文化帮助我们知道过去、认识现在、明白将来，推动社会有序地向前发展。所以，文化是动态的，处在不断地传播之中，而文化又是多元的，它的传播不是单向、封闭的，而是多维的、交叉的。一个民族语言折射出这个民族纷繁多彩的文化形态，所以文化信息传播不仅是物质文化形式的引入，更主要的是价值观念、思维模式、社会心理、感情传达等精神文化层面的相互接触与认识、选择与吸收，同时也涉及各文化层面上错综复杂的关联以及深层次的转化与变异。在异语文化传播中，文化是翻译传播的内容，翻译传播是文化的羽翼，异质文化借翻译而传播、交融和延续。

人类社会的发展史是一部各种文化不断相互融合的翻译的历史。多样的文化造就了五彩缤纷的现实世界，而翻译则打通了不同文化社会之间的分割，形成了一种文化信息与另一种文化信息的交流互动，推动了世界文化的共同发展，创造了共享的人类文明。跨越文化障碍而进行的文化信息的传递过程，是人类社会所特有的活动，需要借助符号进行思想交流和文化传播。翻译作为跨文化传播的中介，参与文化符号的解码和编码活动，因而具有文化和传播的双重性质。翻译的过程本身，既是文化行为，又是传播活动，是发生在语际交流过程中的跨文化信息的传播。一方面受译者自身知识范围、经验、世界观、价值观等因素的制约；另一方面又受其所处社会、文化环境的制约，体现了民族文化的特色。

文化翻译的结果是产生翻译文化。所谓"文化翻译"，简而言之，一方面就像"文学翻译"或"文化创作"等概念一样，仅仅是指一种文化传播行为；另一方面是指对文化进行翻译的活动，是一个对异语文化进行移译的动态的过程。所谓"翻译文化"，是"文化翻译"的结果。也可以从两个层面理解：一是指以翻译理论和实践为研究对象，并在对其进行研究的过程中所产生的文化，包括翻译标准、翻译方法、翻译批评等一系列和翻译研究有关的内容；二是从跨文化传播意义上进行理解，是指通过翻译而输入的源语文化或外来文化，以及该源语文化在与目的语文化融合后而产生的文化，即"第三种文化"，或"杂合文化"。这个过程是从输入到融合再到发展，从简单到复杂，从初级到高级，从一元到二元甚至多元。其实从文化翻译到翻译文化的过程，就是跨文化传播视野下从翻译开始到翻译产生效果后翻译功能的实现过程。

第二节　翻译与传播的社会文化功能

人与人之间的交流、文化与文化之间的传播，都离不开语言。语言成就了世界，传播缩小了世界，翻译却沟通了世界。作为一种社会实践活动，翻译既是跨语言的，又是跨文化的，同时还具有传播性。从跨文化传播意义上讲，翻译是桥梁、是纽带、是黏合剂，也是催化剂，它可以传递思想、丰富语言、开发智力、开阔视野，从其他语言文化中汲取对本族语文化有益的成分，从而变革文化、发展社会、推进历史演进。只有通过翻译，才能把人类社会不同文明推向一个更高的层次和发展阶段。

在全球化时代，信息传播与大众传媒的崛起使全球化与文化全球化休戚与共，翻译无疑是跨文化的信息传播，同时也是信息跨文化传播的必备工具与渠道。因而在全球语境下的翻译研究必须摆脱狭窄的语言文字层面的束缚，将其置于一个文化全球化的跨文化语境之中，何况，研究翻译本身也是一个跨文化的问题，尤其涉及多种文化互动关系与比较研究。翻译研究的兴衰无疑也与文化研究的地位如何有着密切的关系。如果我们承认跨文化研究算作一门新兴的跨学科研究的领域的话，那么，以语言转述和文化阐释为特征的翻译研究也应该成为一门独立的人文社会科学分支学科。在跨文化传播研究的大语境下，研究翻译自然也成了一种跨文化现象与活动。由于翻译历来就是一种跨文化传播与文化阐释的重要手段，在人类社会历史文化发展过程中，它的功能也是任何人工智能都不能取代的。

一、翻译传播促进了文化整合

翻译传播具有对异质文化的整合机制。我们说文化是整合的，指的是构成文化的诸要素或特质不是各个成分的随意拼凑，而是在大多数情况下相互适应或磨合共生的。人类文化的交流和传播，是促使文化整合、生成新的文化结构和文化模式的关键因素。人类发展的历史可以说就是不同文化通过翻译不断整合的历史。在文本翻译中，文化信息整合的结果是使译文富有他种文化的气质、意象或意境。在整合过程中，将文化信息载体，如语言、场景、事件、气氛等各种语境的组成部分进行充分的了解、识别并重组。这就要求译者必须具备敏感的跨文化意识和文化信息感应能力，使翻译效果得以充分体现。另一方面，翻译文化在目的语社会环境的传播过程中，也会与目的语社会文化因素接触，通过或碰撞，或冲突，或交融的方式达到整合，最终产生新的文化因素和面貌。一般而言，通过翻译实现的文化整合是不同文化的兼容和重组，是异质文化之间彼此吸收、借取、认同并趋于一体化的过程。

二、翻译传播促成文化增殖

所谓文化增殖是文化在质和量上的一种"膨胀"或放大，是一种文化的再生产和创新，是一种文化的原有价值或意义在传播过程中生成一种新的价值和意义的现象。一种封闭、保守、落后的文化，一种缺乏创新性的文化是不会增殖和再生的，这种文化必然随着历史的发展而被淘汰出局。翻译引入其他民族的文化，增进本民族的文化，从而促进本民族文化的繁荣与发展。另外，跨文化翻译传播的结果不是 1+1=2 简单的运算，不是甲文化和乙文化简单相加的结果，它会产生非算术相加所能得到的效应，同时还会激发人们追求更多的知识和信息的兴趣和无穷的创造力。因此，它可能是甲、乙文化融合后产生的化学催化反应，其结果可以使其中一种文化性质以及该文化所处的社会发生根本性的变革。可见翻译传播是形成、保存和发展人类异语文化的必由之路。翻译传播又赋予译入语文化以新的生命活力，实现了异语文化的增值。

三、翻译传播形成文化积淀

翻译文化传播使源语文化财富在译入语文化中被承接和传播开来，成为译入语社会不断积累的文化遗产，使异语文化在历史长河中得以堆积和沉淀，这种文化的承继和发展便是文化积淀。翻译文化传播的时间越久远，在译入语社会的积淀就越深厚。这种文化的积淀不仅是简单地由上一代文化机械地传递给下一代的历时性过程，而且也是在传播过程中不断吸收外来优秀文化的共时性的创造过程。异语文化积淀促进了人类文明的共同进化和发展，比如古代印度辉煌的佛教文化在自己的故土早已沉沦，却通过佛经翻译活动在中国得到保存，并找到了生存、发展和积淀的环境，成为中国文化重要的一部分。

四、翻译传播推进文化变迁

文化变迁是指世界上任何一种文化都处在动态的发展和变化之中，都不同程度地经历着产生、发展、变化、衰退和再生的过程。翻译传播使异语文化成为连续的机体并不断发生改变。翻译的跨文化传播则是异语文化变迁最普遍的也是最根本的原因。比如说，得益于西方民主和科学思想在中国的传播，20世纪初中国发生的"五四"运动和新文化运动是中国近现代社会的一次大规模的文化变迁。中国文化在经过了"五四"运动和新文化运动洗礼之后，不仅接受了近代西方民主与科学思想的传播，更重要的是接受了马克思主义在中国的广泛传播，为建构一种新的社会文化模式和文化体系提供了必要条件，从而使中国文化实现了从半殖民地半封建文化向社会主义文化的跨越，开创了中国文化发展的新视野和新境界。再如，古罗马文化不仅仅继承和发扬了希腊文明，更重要的是，随着罗马帝国的向外扩张，它把同一种文明传播推广到整个西欧大陆，使西欧各国结合各自的文化语境以自己独特的方式发生着变化。由此可见，跨文化的翻译传播为社会文化的创新与发展提供了强大的推动力。纵观人类社会文化发展的历史，虽然引起异语文化变迁的原因是多方面的，但其中最普遍也是最根本的原因就是跨文化的翻译传播。

第三节　文化翻译与传播面临的问题与挑战

自19世纪以来，海外汉学和中国研究对于在欧美传播中国文学和文化，做出了许多贡献，取得了很大成就。然而汉学和中国研究毕竟不是欧美学术的主流，也难免有其局限性。近三十年来，随着改革开放的深入，中国在经济上取得极大发展，在国际政治方面也逐渐发挥更大作用，使得欧美和全世界都越来越注重中国，也相应注重中国的文化传统。一方面，国外有越来越多的人愿意了解中国，包括中国的历史、哲学、文学和文化，学习中文的人也越来越多；另一方面，中国也希望把自己的文学和文化介绍给外部世界，把中国文学作品和人文研究的成果翻译成外文，传播到海外。然而由于中外文化、社会和思想意识各方面都存在差异，要成功翻译和传播中国文化，并非易事，而且会面临不少问题和挑战。如何了解和应对这些问题和挑战，值得我们认真思考。

一、翻译传播理论与实践运用

翻译是一种由源语到目的语的传播过程，因此对于翻译的研究与探讨可以借鉴传播学的基本理论框架。翻译传播学作为翻译学与传播学的交叉学科，能够从传播学视角更好地指导翻译实践，最终实现翻译的传播目的。

（一）翻译传播概念内涵

如今的传播学理论框架发端于哈罗德·拉斯韦尔提出的 5W 模式，即 Who，Says What，In WhichChannel，To Whom，With What Effect。在此基础上，后续学者将其发展为控制分析、内容分析、媒介分析、受众分析、传播效果分析、传播目的研究、传播环境研究。以传播学原理来研究翻译，能够使得翻译这一活动现象的传播本质得以显现。故此，翻译传播主要聚焦于七个方面的研究：翻译的传播主体、翻译的传播内容、翻译的传播媒介、翻译的传播受众、翻译的传播效果、翻译的传播目的、翻译的传播环境。

（二）翻译传播实践与研究具体运行机制

根据上述翻译传播理论，可将这七个方面的研究重新归纳排序，得出翻译传播的具体运行方式。翻译传播具有交叉属性，故上述七个方面的研究据此可定义为三大影响因素：翻译涉及因素、传播涉及因素、翻译传播效果因素。其中翻译的传播主体、翻译的传播内容、翻译的传播目的、翻译的传播受众属于翻译涉及因素，具有主观性，且这四个因素层层递进；翻译的传播环境、翻译的传播媒介属于传播涉及因素，具有客观性，且翻译的传播环境影响翻译的传播媒介；翻译传播效果因素由翻译涉及因素与传播涉及因素共同决定，翻译涉及因素较传播涉及因素有先发性。这三大因素七个方面共同组成翻译传播实践过程，同时也是翻译传播研究的实践路径。凭借这一路径，进行翻译传播研究，能检验翻译传播实践是否成功，能深刻剖析翻译传播的各种现象和问题，以及在翻译传播过程中出现变味、走形的根本原因，从而更好地指导翻译实践。

二、文化翻译与传播实践与思考

（一）汉学与中国学术

让我们首先考察汉学和海外的中国研究。所谓汉学，是从外部尤其是西方的立场和观点看中国，而不是从中国内部看中国。这很容易使人想起"旁观者清、当局者迷"这句老话，或苏东坡《题西林壁》所谓"不识庐山真面目，只缘身在此山中"那有名的诗句。这样看来，作为国际学术一部分的汉学，因为是"旁观"，有一定客观和批评的距离，往往可以对中国和中国传统有独到的看法，对中国人理解自己和自己的思想和文化传统都有启发借鉴的意义。西方汉学是西方学术的一部分，不仅其立场观点不同于中国学者，而且其研究方法也不同。汉学家往往有西方社会科学方法的训练，把这类社会科学方法应用于中国研究。这当然会形成汉学研究不同于中国本土学术的特点，但同时也可能产生西方社会科学理论和方法的"傲慢与偏见"，即以为中国和中国人只能提供研究的材料和对象，只有西方才可能提供研究的理论和方法。这其实是一种西方理论的傲慢，也因此产生其狭隘的局限。

所谓"旁观者清、当局者迷"，只说到问题的一面，还有另一面，也可以用两句老话来概括，那就是"隔雾看花""隔靴搔痒"。从外部观察固然可以有一定客观距离，但也未尝不会失之粗疏，没有直接经验的真切体会。其实庐山之大，无论站在山中还是走到山外，都不可能穷尽其貌，这正是东坡要告诉我们的。东坡这首诗虽然结尾两句很有名，但开头两句才真正说出了观察理解任何问题的复杂多变，因为他说得很明白："横看成岭侧成峰，远近高低各不同。"庐山面目是变化的，依据我们所处位置不同而呈现不同的面貌。把这个道理用来理解中国，我们就可以明白，要真正了解中国，就必须从不同角度看，把看到的不同面貌综合起来，才可能接近于真情实貌。换言之，汉学和中国本土的学术应该互为补充，汉学家不能忽略中国学者的研究成果，中国学者也不能不了解汉学家的著述。中国和海外学术的互动交往已经越来越频繁，所以笔者曾撰文说："我们早已经该打破'内'与'外'的隔阂，抛弃'社会科学模式'自以为是的优越感，也抛弃西方'理论复杂性'的自傲，整合中西学术最优秀的成果。只有这样，我们才可能奠定理解中国及中国文化坚实可靠的基础，在获得准确的认识方面，更接近'庐山真面目'。"

西方汉学本身发展的历史，对我们了解汉学与中国学术的关系不无帮助。最早从欧洲到中国并在文化的互动交流方面产生影响的是基督教传教士，尤其是耶稣会教士。利玛窦从意大利来到明朝末年的中国，在北京建立起基督教教会，与中国的士大夫阶层多有交往，用中文撰写了《天主实义》等多部著作，其影响不可低估。利玛窦和其他传教士又把中国的古代典籍用西文介绍到欧洲，以书信和著述陈述中国历史文化和社会状况，在启蒙时代的欧洲产生了相当大的影响，使欧洲一些重要思想家对中国形成良好的印象。但利玛窦死后，教会内部产生了所谓"中国礼仪之争"，中国和西方的差异成为争论焦点，不断得到强调，而争论的结果，利玛窦和耶稣的"适应"策略被梵蒂冈教廷否定。在中国方面，康熙皇帝则禁止了西方传教士在中国的活动。鸦片战争后，中西之间的关系发生了很大变化，更多新教的传教士来到中国，对中国的看法与耶稣会教士相比，也很不一样。无论如何，在文化方面最先了解中国的西方人是传教士，西方大学里最早聘请的汉学教授，也大多是传教士。传教士在中国社会，尤其在医疗和教育方面做出的贡献，近年来已引起很多学者的研究兴趣，得到肯定和嘉许。但"礼仪之争"中坚持原教旨和教义纯正的一派，批评利玛窦和耶稣会"适应"策略对异教的中国文化让步过多，于是转而强调中西语言和文化的差异，在中西之间设立起互不相通的对立。这些纯粹派的思想观念对中西跨文化理解和沟通的努力，到现在仍然还有一定影响。

中西对立的观念从"礼仪之争"时已初见端倪，只是在近代更具学术形式，往往上升到思想和哲理的层面。法国社会科学家和人类学家列维·布鲁尔区分原始部落人与欧洲人的思维方式，认为原始思维是审美和形象而非理性和逻辑的，只有欧洲人具有逻辑思维能力；与他交往甚密的汉学家葛兰言就曾以此模式，著有《中国人之思维》一书。稍后法国汉学家谢和耐讨论基督教传教在中国之所以不成功，是因为中国人的思维方式与欧洲人根本不同，并断定中国语言缺乏明确的语法，中国人的思维没有抽象能力，中国人缺乏对超越、精神和抽象观念的理解能力。这类看法一直到今天仍然在西方学界有一定影响，如法国学者于连就连篇累牍地著书立说，把古代中国与古代希腊描述为截然不同的两种思维和两种文化形态，中国乃是西方绝对的"他者"。这类看法在法国固然有一个连续几代学人的传统，但又不仅止于法国学者。美国学者尼斯贝特2003年出版了一部阐述文化差异的书，标题就把大意说得很清楚:《思想的地理学：亚洲人和欧洲人思维如何不同及其原因》。曾在加州大学柏克莱分校任教多年、专门研究古代中国的汉学家古德炜，按理说对中国古代典籍应该不会太生疏，但他在一篇文章里为了强调中国与希腊截然不同，就以古希腊神话中诡计多端而巧言善诈的奥德修斯为例，说古代希腊人认为表面现象都是虚假不可信的，有所谓的"认识论悲观主义"；而与此相反，古代中国人则大多相信表面现象是可靠的，抱着所谓"认识论乐观主义"的态度。可是《老子》七十章不是就抱怨说"吾言甚易知，甚易行。天下莫能知，莫能行"么？《孟子》离娄章句上不也说"道在迩，而求诸远，事在易，而求诸难"么？无论道家或儒家，老子和孟子都在抱怨说，人们往往连浅显的道理都不懂，理解和行动都有问题。这哪里有什么中国人"认识论乐观主义"的影子呢？中西思想、文化、传统当然有这样那样的差异，但把两者说得截然不同、互相对立，就根本否定了文化交往的可能。我们要跨越文化差异，沟通中西思想和传统，就必须批判这种绝对式的文化相对主义，真正站在平等的立场来理解对方，在比较之中既见出中西文化各自的特点，又避免把差异简单化、绝对化，形成文化之间的隔阂。

（二）翻译与文化理解

造成隔阂的原因很多，首先有一个语言差异的问题，但复杂文本的翻译又绝对不是一个简单的语言问题。中文的确是很复杂的语言，有时候即使著名的汉学家和翻译家，也难免出错。亚瑟·韦利大概是 20 世纪上半叶中国和日本文学最重要也最著名的翻译家，他译的《诗经》和《源氏物语》堪称经典，他节译《西游记》中描写孙悟空的精彩章节，题为"猴王"，也十分成功。但就是这样一位大翻译家，居然也把"赤脚大仙"误解为"红脚大仙"，误解很难完全避免。著名翻译家华滋生曾译《庄子》《韩非子》《史记》等中国重要著作，很有成就。但仔细查看之下，偶尔的错误也在所难免。《庄子·外物》结尾有这样一段有名的话："荃者所以在鱼，得鱼而忘荃；蹄者所以在兔，得兔而忘蹄；言者所以在意，得意而妄言。吾安得夫忘言之人而与之言哉？"华滋生的译文读来很流畅，但未必妥当，因为问题不在译文的文字本身，而在原文意义的理解和把握。庄子原文前面几个排比句，重点都在说明语言只是一种不得已而用之的工具，就像捕鱼的竹笼、捉兔的罗风，一旦抓获了鱼兔，就可以丢弃在一旁。接下来庄子发问道："我怎么才找得到一位忘言之人，可以和他说话呢？"言下之意，世人大多只记得言，而不能得所言之意，所以庄子有此一叹。华滋生的译文固然是"忘言之人"，可是英语里的完成时态表示此人已经忘了言，然而庄子尚未"与之言"，那么他忘记的就并非庄子之言，也就不是庄子要找的人。庄子希望找到的是能够忘记他的言之人，因为这个人才会得到他所言之意。这听起来有点奇怪，但庄子的话往往都出人意料、超乎常理，要表达庄子这句话的原意就需把译文稍作改动，把完成时态改为将来时态：这看起来只是动词时态一个小小的区分，但在意义上却有根本的差别，关乎庄子哲理的准确表达。这里举两位翻译名家的白璧微瑕，绝无意贬低他们的成就和贡献，而只是想要说明翻译，尤其是文学、哲学之类复杂文本的翻译，绝不是懂两种语言就可以胜任，却要求对原文的思想文化背景有相当深人的了解。许许多多翻译成中文的作品，当中误解和误译的地方也很不和，道理也一样。

翻译不是简单的语言表达问题，因为在一般语言表达能力之上，要有文体、风格的意识，要熟悉并且把握学术语言规范等其他许多方面。学习外语达到能够基本表达意思，并不是很难，但能够做到像使用自己母语那样使用外语，尤其写作能达到正式发表出版的水平，不是不可能，却也不是容易做到的事。汉学家很少有人直接用中文著书立说，中国人自己翻译中文成外文，往往吃力不讨好，都可以说明这一点。近年来笔者因为编辑这一套丛书，专门把中文学术著作译为英文出版，常常审读译稿，在这方面颇有些感受。翻译不是自己写作，而是"为他人做嫁衣裳"，在大环境里往往不算自己的研究成果，于是教授学者很少人愿意做这样的工作。能够用英文写作的中国人很少做翻译，而且做也不见得就做得好，是翻译中文著作成英文，大多还是依靠母语是英语的译者。英国汉学家葛瑞汉有一本评价颇高的《晚唐诗选》，他在序言一开头就说："翻译中国诗的艺术是意象派运动的一个副产物"，又说"中国诗最好的译者多半是诗人或爱好写诗的人，依靠修改别人译的初稿来翻译"。这当然是说，中国诗最好的译者是以英语为母语而又会写诗的人，哪怕他们的中文水平不见得很高，但他们对诗的韵律有特别的敏感，依靠修改别人在传达意义上也许更准确的初稿，就可以把中国诗翻译成英美读者更能接受，也更能领会其妙处的英语诗来。其实当年林纾翻译西方小说，就是这样的情形。由于意象派以来英美现代诗首先注重意象，如何传达意象就成为翻译中国诗最重要的任务，而为了意象，往往不得不舍弃原诗的格律形式和音韵。葛瑞汉把现代诗的感觉与西方读者的期待讲得很清楚，我们就可以明白为什么他认为，翻译中国诗最好由英美人来做。这话虽不能说百分之百正确，但也的确有一定道理。前不久北京大学许渊冲教授获得国际翻译家联盟颁发"北极光"文学翻译奖，但许教授的翻译在国内就曾引起不少争议，在国外本来几乎没有人注意，获奖之后则有从事文学翻译的人批评。当然，批评并不是坏事，但如果翻译成外文的作品外国读者大多不接受、不欣赏，翻译就没有达到本来的目的，失去了意义。

（三）出版信誉与合作的问题

翻译作品在海外的接受，取决于好几个因素，译文质量当然重要，但也不是唯一决定性的因素。应该承认，由于政治和制度的原因，英美和欧洲许多读者对中国出版的书往往还抱着一种怀疑态度，总是不大信任。这是中国文学和文化在海外翻译与传播面临的问题，也是中国自己出版外文书刊必须面对的挑战。目前看来，最好的办法是与国外在学界和读者中享有良好声誉的出版社合作，共同出版中国文学和文化的翻译作品。笔者为欧洲布里尔出版社主编两套丛书，在此就想以个人经验为例，谈谈相关的问题。布里尔在欧洲是一个有三百多年历史的老牌出版社，1683 年在荷兰莱顿创立，出版各种学术著作、期刊、书目和参考书，内容广泛，包括法学和人文学科各个领域。自 1890 年以来，布里尔就一直出版一份专门研究传统中国的学术刊物《通报》，在国际汉学界享有很高声誉。布里尔近年来又出版一套专门把中文学术著作翻译成英文的丛书，题为"布里尔中国人文学术丛书"，由笔者和德国哥廷根大学施耐德教授共同主编。2007 年以来，我们已经出版了六部中文学术著作英译本，包括洪子诚、陈平原、陈来、骆玉明、荣新江和葛兆光等人很有影响、能够代表中国当代学术研究成果的著作。不久还会有朱维铮、罗志田、何怀宏、蒋寅等学者的著作陆续翻译出版。笔者为这套丛书写了一篇总序，印在每部书前面，其中笔者提到中国在"文革"后经过改革开放，经济飞速发展，整个社会发生巨大变化，在国际上也越来越引人注目。随着整个中国的改变，中国的学术研究也相应有很大变化，所以我说，在过去很长一段时间里，西方学界几乎完全忽略了中国本土的学术，现在已经没有理由再继续这样无视中国学术，"现在时机已到，西方学者和其他感兴趣的读者应当接触来自中国的观点看法，而把重要的中文学术著作翻译成英文出版，就是在这样接触中走出的重要一步。"由于布里尔是欧洲有名望的老牌出版社，出版的书基本上欧美大学图书馆都会收藏，所以我们这套中国人文研究丛书使中国学者优秀的著作进入了欧美大学的图书馆，也就进入了西方学术研究参考的范围。这套丛书印制精美，在欧美学界已经产生一定影响，只要保持质量，长期坚持，对于在海外传播中国文化和学术成果，就必定能做出不小的贡献。保持质量一是选择好书，二是选择好的译者，这两件事都不易，而寻找合格合适的译者，尤其困难。在这方面，由于布里尔有自己人脉联系的网络，可以找到愿意从事中译英工作的译者，所以相对而言也比较顺畅。

由于人文研究丛书的成功，布里尔出版社又在去年设立"东亚比较文学与文化研究丛书"，由笔者和波士顿大学的魏朴和教授共同主编。虽然这套书出版直接用英文写的书稿，但丛书性质是文学和文化的比较研究，而在这方面，笔者认为钱锺书先生的《七缀集》最具代表性，可以作为研究典范，所以决定把《七缀集》的英译本作为这套丛书开头的第一部出版。恰好一位新西兰汉学家邓肯已把此书译完，他的译稿经过进一步仔细修改，由笔者写了一篇序，又得到杨绛先生同意，2014 年年初由布里尔出版了《七缀集》英译本，并由此推出布东亚柴文学与文化研究丛书。编辑这两套丛书，尤其把在中文学术著作译成英文出版的第一套丛书，使笔者体会到翻译之重要，也认识到翻译之困难。自古以来，翻译就帮助人们跨越语言和文化的隔阂和障碍，使不同民族可以互相了解、和睦共处。随着了解的深入，对翻译的需要、要求及标准也随之提高，在我们这个时代，翻译变得更为重要。提高外语教学质量，培养更多更好的翻译人才，加强国际合作交流，这是解决文化传播最根本的办法。

三、文化翻译外传面临的问题及建议

改革开放三十余年来，中国的政治、经济、军事和科技等方面飞速发展，硬实力的不断加强使得综合国力和国际地位大大提升。与此同时，国家也同样重视以文化为核心的国家软实力的提升，从政策、资金等各个方面大力支持文化产业的发展，努力推进中国文化事业走向世界。经过多年的不懈努力，中国文化国际推广已卓有成效，"熊猫""中国功夫""汉字""中餐"等中国文化符号和元素，正通过孔子学院等平台传播到世界各地。但是，我国的文化外传发展速度及发展程度与西方发达国家，甚至与同为亚洲国家的日韩相比，仍存在着较大的差距。本论文将从文化传播内容的选取、文化传播策略的运用等方面，对目前中国文化外传中所存在的问题进行分析，并尝试提出一些建议。[①]

（一）文化外传中的不足

作为世界文明古国之一的中国，拥有五千年悠久的文明历史和丰富灿烂的文化，毫无疑问是当今世界上首屈一指的文化大国，但我们距离文化强国的目标还有较远的距离。在中国文化外传过程中，所涉及的问题无非有三个：一是传播什么样的中国文化；二是向谁传播中国文化；三是采取什么样的传播手段和传播策略。其中，笔者认为第一点和第三点是文化外传中的关键问题。下文将从这两方面谈谈中国文化外传中存在的不足。

1. 传播内容选取

悠久的历史、广袤的疆域、多元的民族，这都使中国的文化具有丰富性和多样性的特点。凡事都要有侧重，文化外传也不例外。在中国浩瀚的文化海洋中，我们不能胡子眉毛一把抓，最先对外传播的应该是最具有鲜明中国特色的、能够

---

① 张隆溪.中国文学和文化的翻译与传播:问题与挑战 [J].贵州文史丛刊,2015(01):1-4.

代表全体中华民族的、具有现代气息的文化内容，而诸如一些地域性、文学性、历史性较强的文化元素有时候并不适合在对外传播的过程中打头阵。

例如，作家莫言于 2012 年获得诺贝尔文学奖，成为首个获得诺贝尔奖的中国人。颁奖当日，瑞士的中国留学生在斯德哥尔摩最繁华的"走廊"购物中心以快闪的形式表演《红高粱》中的情节，以此庆祝这一历史性时刻。然而，由于这种文化形式的地域性和文学性太强，在场的很多外国人都看不懂，因此并没有多少人驻足观看，反响也不强烈。再如，对于中国的国粹京剧，大多数的外国人也只是抱着"好奇"的心态，而真正"感兴趣"想要了解的却很少。虽然近几年随着国内外戏剧艺术交流的频繁，京剧走上了国际舞台，但进入剧场观看的人也大多是当地华人票友和一些真正喜爱中国戏剧的外国爱好者。不难发现，京剧仍停留在艺术交流的层面上，在国外远达不到好莱坞大片那样的火爆程度。因此，我们在对外传播中国文化的时候，应该对传播内容有所筛选和侧重。

2. 传播手段和策略

经济、科技的高速发展为文化传播提供了前提条件，也大大丰富了文化传播的媒介。目前，除了传统的传播方式，如学术文化访问交流、互设文化节等，中国文化外传渠道主要还有媒体、影视、网络、图书、汉语等。但是，丰富的传播渠道与刻板的传播手段形成了鲜明的对比，我们的文化传播创新意识还不够。同样一个演讲主题，经验丰富、善于表达的演讲家更能将演讲的内容和精髓传递给听众。文化传播也是一种表达，我们只有采用灵活多样的表达方式，才能让受众更能够接受。

"木兰替父从军"是中国家喻户晓的故事，美国迪士尼公司对该故事进行了改编，创造出一个符合西方观众口味的"美国式花木兰"，不仅收获了不错的票房成绩，而且还让世界认识了这位巾帼英雄。再者，派拉蒙影业公司和梦工厂动画公司将"熊猫"和"功夫"这两个典型的中国文化元素组合到一起，制作了风靡全球的《功夫熊猫》系列电影。这都给中国文化的对外传播提了一个醒：中国已不再处于千百年前，那个文化上遥遥领先周边各国的时代了。我们要让中国文化再次变得有魅力，就应该转变传统观念，丰富传播手段和策略，将丰富多彩的中国文化传向世界。

（二）对文化外传的建议

1. 树立高度的文化自信

中国文明源远流长，我们的祖先所创造并积累下来的文化是四大文明古国中唯一一个连绵不断、流传至今的文化。文化是一个民族的根，是维系一个民族内部团结的纽带。历史上的中华文化璀璨夺目，对周边各国乃至世界具有极强的影响力和吸引力，各国曾纷纷派遣使节、学生来中国学习先进的文化和技术。英国著名科技史学家李约瑟在他的《中国科学技术史》一书中指出："在公元 3 世纪到 13 世纪之间，中国曾保持令西方望尘莫及的科学技术水平，那时中国的发明和发现远远超过同时代的欧洲，这一点可以毫不费力地加以证明"。由此可见，我国的文化对人类社会的发展起过重要的推动作用。

然而，随着封建君主制度的没落，近代中国文化发展已远远落后。文化外传事业在改革开放后才得以较大规模的开展。与此同时，大量外国文化涌入中国，历史上深受中国文化影响的日本和韩国也在对中国进行着强有力的文化输出。日本动漫游戏、韩国电影电视剧等充斥着中国网络，日韩明星也受到了很多国人的追捧。尤其是年轻一族，他们崇尚异国文化，甚至有些人漠视本国文化。荷兰汉学家高罗佩早就诧异"中国人只崇尚西方舶来作品而冷落自己的瑰宝"。这种现象需要引起国人的高度重视，正如上文所提到的，一个连本族文化都不屑一顾的民族是不可能屹立在世界民族之林的。而且，如果连我们自己都不欣赏我们的文化，怎么可能让外国人喜欢上中国文化呢？因此，我们应该以正确的态度看待自己的文化，树立高度的文化自信。

2. 传统文化与现代文化相结合

我们向世界展示中国文化时，除了优秀的传统文化外，还应该重视现代文化的传播。当下，世人对中国文化形象的感知，仍然主要停留在中华民族悠久恢宏的传统文化上；在很多场合，我们习惯于向世人展示的，也多为中国文化的传统元素。正因为如此，很多外国人对中国的认识仍停留在那些传统的文化元素带给人的感受上。所以，我们必须将中国传统文化与现代文化相结合，创造出新的文化元素，给人们以新的文化体验，让更多的人对现代中国有全新的认识。以具有时代气息和民族特色的文化成果，确立中国文化的现代形象，在崭新的现代境遇中彰显不断创新发展着的中国文化的实力和魅力，这样才有利于中国文化冲出国门、走向世界，为更多人所接收。

3. 提炼文化传播内容

在一项二十位在校大学生参与的随机调查中发现，这些大学生首先联想到的日本文化符号是：动漫（十二票）、樱花（六票）、和服（一票）、忍者（一票）；首先联想到的韩国文化符号是：韩剧（十二票）、泡菜（五票）、韩星（三票）。

其中受调查者对和服和忍者的感知均来自动漫，韩星也可以认为是从韩剧中衍生出来的元素。由此可见，日韩在对外宣传本国文化时呈现出"少而精"的特点，而我国的文化传播路线则表现出"多而散"的特点。中国文化博大精深、浩如烟海。上文中提到，我们应该选取具有鲜明中国特色的、能够代表全体中华民族的、具有现代性气息的文化内容进行对外传播。而且，我们还要对符合要求的文化内容进行再筛选，挑选出某些文化符号进行重点宣传，然后带动其他文化元素。这一点我们可以借鉴日韩两国的做法："突出重点，带动其他"。

4. 文化传播形式本土化

文化出口的前提之一就是让消费者接纳我们的产品，也就是要实现"他者认同"。要让中国文化变得容易接受，就需要我们开动脑筋，对文化进行再包装，以接收方熟悉的表达方式来表达中国文化。上文中提到的美国动画电影《花木兰》和《功夫熊猫》的成功就是很好的例子。美国人拿中国的文化元素，进行美式包装，让它们更加符合美国人乃至整个西方人的审美口味。功夫巨星成龙将中国功夫和美式幽默结合起来，同样取得了很好的效果，也使得中国功夫为世人所熟知。再如，美国一川剧爱好者在著名选秀节目《美国达人秀》上上演川剧变脸。让国人惊讶的是，在场的评委和观众一脸茫然，现场异常平静，评委直呼看不懂。倘若在中国，其精湛的表演技艺定能赢得中国观众的高度赞赏。若这位表演者能够将川剧脸谱换成美国人熟悉的名人，再加入些美式的喜剧表演，笔者想定会引起美国观众的兴趣和共鸣。反观邻国日本，日本动漫可谓风靡全球。单从某些动漫人物的画风看，就能看出有些欧美风格，再加上故事内容多掺杂西方元素（如宗教、神话、人物背景等），深受欧美漫画迷喜爱，但大多数的日本动漫中也糅合了大量的日本文化元素，其骨子里所宣扬的仍是日本的民族精神。因此，我们大可以借鉴这种本土化的包装方式，传播中国文化。

第二章 翻译与文化交流传播

第一节 翻译中影响文化交流传播的因素及应对策略

著名作家于冠西说："人类文化从整体来说，是各国、各民族的文化汇聚、交流的产物。"不同文化的交流必须通过翻译来完成，没有翻译就没有文化交流。翻译不仅是不同语言相互转换的过程，更是不同文化相互融合的过程。不同国家和民族的不同环境氛围、独特思维方法、价值观念、风俗习惯和宗教信仰，造就了不同文化的独特内涵和文化特色，呈现出明显的文化差异。这种文化差异阻碍了信息的交流和沟通，给翻译带来一定阻碍和困难。因此，如何成功跨越文化阻碍，寻求恰当翻译策略，从而实现高质量跨文化交流，推动文化传播，是翻译过程中急需解决的重要课题。

翻译是不同语言社会的交流工具，通过转述语言文化信息，促进双方政治、经济和文化交流和进步。作为一种跨文化交流活动，翻译应该充分重视语言中的文化因素，注意不同文化间的相似和差异。如果两种语言社会中人们的生活、思维和表达方式大致相同，两种社会的文化内涵也会大致趋同，这种情况下，翻译就可以实现互译，保留原文文化色彩；如果两种语言社会的地域环境、文化习俗、人文历史、宗教信仰、价值观念等存在较大差异，则需要注意，因为这种文化差异影响着翻译活动的范围和方式，制约着翻译内容的呈现和翻译策略的选择。因此，解决翻译中的文化差异困境，是影响文化交流和传播的关键。[①]

一、文化与翻译

语言与文化之间的重要关系是不言而喻的，文化是语言活动的大环境，而文

---

① 王洋.浅析中西方文化差异对翻译的影响[J].学习月刊，2015（24）：31-32.

化又是通过语言来反映与传递的。人们在进行交际的过程中，语言中所蕴藏的文化因素与人们大脑中的文化意识是相互作用的，从而形成人与人的交流。若是原有的文化环境消失或者被改变，或者是进行交流的语言系统发生了变化，都会导致文化环境与文化意识之间的沟通中断，往往通过语言本身的概念进行交流是较为困难的。而对于翻译工作来说，看似简单地将两种语言进行转换，但实际上是空间与时间上的移动，在这个过程中，译者要面临多方面的困难，如如何保持原文民族风格、如何让读者理解与接受原文中的异域风情等等。所以在翻译工作中，对文化因素的处理是最为关键的内容。

在将汉语与英语进行互译的过程中，文化的载体发生了显著的变化，同时读者的环境也有着翻天覆地的不同。中西方文化背景上的巨大差异为翻译工作的开展设置了较大的难度，而想要克服其中的困难，最根本的就是找到问题的根源。下面的内容中，就将着重分析中西方的文化差异是如何对翻译产生影响的。

二、文化因素对翻译的影响

众所周知，我国与西方国家在文化方面存在着巨大的差异，而文化与语言之间有着密不可分的关系，语言作为文化的重要部分成为文化传递的载体，而文化又作为语言的大环境，对语言产生重要影响，当文化环境出现变化的时候，语言的意义同时也发生了变化。所以文化环境的差异对语言翻译的过程产生了深远的影响。

不同语言社会的历史和习俗等文化内涵差异，是影响文化交流和传播的根源因素。在长期发展过程中，不同国家和民族形成了具有自身民族特点的历史文化；不同民族的历史文化，孕育了富有民族文化特色的语言和词汇；语言蕴含着深厚的文化内涵，是本民族交流情感和表达思想的独特工具。受价值观念、社会风尚、道德情操、宗教信仰和生活习惯的影响，各民族形成了独特的文化习俗，这些不同的文化习俗也产生了内涵丰富的文化差异。因此，要重视不同语言社会的历史和习俗差异，把握翻译中文化交流和传播的根源。

作品的时代背景和地域环境等文化背景差异，是影响文化交流和传播的客观因素。文化作品以整个社会为反映对象，用独特视角反映社会生活，形成浓厚而鲜明的时代色彩。作品的创作离不开身处的地域环境，还与个人的生活经历、家庭环境密切相关。只有充分关注作品、作者的相关背景，才能充分了解作者传递的信息，了解作者的创作意图，揣摩作者写作时的心境，感悟作品的深刻内涵。

因此，不考虑社会时代背景对作品翻译的重要影响，就会产生翻译的文化偏差，无法保留和彰显源语文化特色。

翻译者的价值观念和语言功底等文化素质差异，是影响文化交流和传播的主观因素。翻译者是作品翻译过程的主体，是两种文化的传播中介。不同翻译者，所翻译的作品意蕴和内容各不相同。一方面，由于受社会环境、价值观念、生活习惯等因素影响，翻译者逐步形成相对固定的思维方式、行为特征和价值观念，进而影响翻译用语和价值选择；另一方面，翻译者要对原作品进行解读、评价、加工和改造，仔细把握作品的文化内涵，领悟作品的内容精髓，品味作品的思想精神，用精准的语言进行文化传播和再造。因此，翻译者正确的价值观念和扎实的语言功底是翻译优秀作品的必备条件。

三、文化差异对翻译产生影响的具体内容

（一）思维方式差异对翻译产生影响

文化上的巨大差异，导致中国人与西方人在思维上方式上有着较大差别。中国人的主体思维是综合性思维，整体优先是中国人的主要思维方式，而西方人的主要思维方式是部分优先。这种思维方式上的差异表现在对时间与空间这两种概念的表达方面，主要表现在排列顺序上。例如对地名的排列，在汉语中的顺序是从大的地点到小的地点，而英语中的顺序是从小的地点到大的点；时间上同样也是如此，汉语中是按照年、月、日来排序，而在英语中则是从日、月、年来排序的。

中方的思维总体来说就是更加重视整体的效果，并不重视形式上的完整程度以及各个部分关系上的严谨性。西方人的思维与中国人也就有着非常明显的差异，他们更加注重形式上的完整程度以及各个部分之间严谨的关系。当我们了解到这个根本差异之后，在对汉语与英语进行翻译的时候，就要更加注重语句与词语顺序上的调整、句子整体结构的调整以及对关联词的把握。举例说明：

①原文：As it was cold, we stayed at home.

译文：天冷我们就没有出去。

②原文：美国现代文学史。

译文：History on Modern American Literature.

③原文：虚心使人进步，骄傲使人落后。

译文：Modesty helps one to go forward, Whereas conceit makes one lag behind.

在这三个例子中，第一句是对关联词进行了适当的删减，第二句是将语序进

行了调整，第三句是增加了关联词。这三种调整方式都让语句更加完整与简洁。

语言能够直接体现话语人的思维方式，可以说语言就是思维的外壳。不同的民族之间在思维方式上往往有着千差万别，在语言上体现在语言结构上的差异。当将由一种思维方式组织起来的语言信息进行传递，在由接收者的思维方式重新组织的过程中，就容易产生歧义，所以译者对这方面的问题必须有着准确的认识。

如何理解"思维方式差异会造成语言方式上的差别"这一论述？我们可以从一个例句上进行分析。中国人说：大熊猫一胎产两只崽。同样的一句话，西方人就说：An adult female giant panda gives birth to two cubs at a time。中国人认为：既然能够产崽的熊猫那必然就是成年的雌性熊猫，所以在说的时候就不需要对熊猫的性别进行特别阐述，而西方人在叙述这句话的时候就要强调"adult"和"female"，这是因为在西方人的思维中，既然能够产崽的熊猫一定是成年的雌性熊猫，就需要对这点进行说明。这句话体现了中西方思维方式上的差异所导致的语言表达方式的不同。

译者在翻译的时候，要明白翻译并不是目的，翻译存在的根本价值就是通过读者所阅读与接受的译文让原文成为"现实的存在"。所以说，作为翻译的唯一对象，译者必须对读者以及原文作者的思维方式有更深的理解，接受原文作者在与读者的思维方式不同的情况下所创作的文章。而译者的关键任务就是通过读者的思维方式来重新拼接与组织原文，在必要的时候还需要添加特殊说明，从而让读者更快更好地接受原文。

（二）审美心理差异对翻译的影响

大众的审美心理实际上就是一种综合的文化意识，融合了政治观、生活习惯、社会习俗以及宗教观点等多方面内容。在西方人的语言世界中，很多词汇都有着多种不同的含义，这些含义在不同的环境下甚至是相互冲突的，这种差异实际上就是由于大众审美心理上的差异所导致的现象。语言冲突的情况在广告中是非常常见的，而广告作为向大众进行宣传的主要方式，实际也是文化的重要组成部分。在任何国家与民族，成功的广告不仅仅需要与当地的社会文化习惯相适应，同时还需要满足大众审美心理的需求。例如，在我国的商品广告中，若是一个美妆产品被命名为"芳芳"，对于国人来说，芳芳似乎代表着一个花容月貌的美丽少女，所以这一隐含的意义对于美妆产品的宣传是有益的。但是对于西方人的审美心理来说，当看到"Fang Fang"这个商标的时候，产生的恰恰却是恐怖的感觉，这是因为在英文中，"fang"与一些词语是非常相似的，如"a long, sharp tooth of a dog"，这是狼牙或者犬齿的意思。所以当英国人看到"FangFang"这个牌子的时候，就难免会想到张牙舞爪、狂吠的恶狗，这对于美妆产品的销售是有阻碍作用的。另外还有一种命名为"白象"的出口干电池，出口到西方国家之后就翻译为"white elephant"，这样的翻译表面上看是准确的，但是在西方国家"white elephant"是一个代表着"沉重负担"的固定词语，所以该产品名称带给西方人非常不舒服的感觉。通过以上两个例子可以发现，不同的审美心理对于翻译是有很大的影响的。

（三）风俗习惯差异对翻译的影响

风俗习惯是文化差异的直接体现，表现为一个地区人民的生活方式上，表现在生活的不同领域。在民族文化中，语言是重要而特殊的组成部分，往往更能够体现不同的民族风俗习惯。而风俗习惯大多是由于不同民族及国家不同的政治环境、历史背景、地理环境以及经济发展状况而形成的，在翻译的过程中，读者与译者不同的文化差异也是最大的难点。一名成功的译者，能够对原语、译语文化背景有深入的了解，从而能够使译文更契合读者的心理习惯。不同地区的风俗习惯差异在很多情况下都是通过饮食习惯来体现的。在西方人的主食中，蛋糕、面包为主，而米饭与面食是中国人的主食，所以对于英语中经常会出现与使用的"a piece of cake"，若是翻译成"一块蛋糕"，中国人常常表示无法理解，这是因为中国人在以面食及米饭为主食的风俗习惯下，蛋糕并不是常见的食物，若是将其翻译为"小菜一碟"就更符合中国人的心理需求。同样的，中文中的"画饼充饥"往往被翻译为"Drawing a cake to satisfy your hunger"，这样也能够更好地被西方人接受。

另外，在中国的风俗习惯中，礼貌是最为重要的交际美德，这样的礼貌现象与西方国家就有着较大的区别。当别人表扬中国人的时候，国人往往都会自贬，从而表现出自己的谦虚与礼貌，但是在西方国家却完全不是这样的。当西方人在受到表扬的时候，他们总是会以兴高采烈的态度回答一句"Thank you"，表示自己的接受与感谢。这种时候，中国人可能就会因为双方风俗习惯的差异，而认为西方人过于骄傲，而西方人在听到中国人把自己贬得一文不值的时候，也会认为中国人不诚实。

（四）宗教信仰差异对翻译的影响

所谓宗教文化就是指不同民族与国家的宗教信仰与宗教意识所形成的文化，也表现出不同民族在崇尚以及禁忌方面存在的文化差异。在中国，道教、佛教以及儒教是最主要的三大宗教，中国的传统文化也受到了宗教文化的深刻影响，当中国人在生活中表达自己的喜悦、悲伤、愤怒情绪时，经常会说"哦，老天爷呀"，在发誓的时候也会说"老天作证"。而较为明显的一个语言习惯就是对"龙"字的运用，龙在中国人看来，代表着中华民族，而中国人也是龙的传人，所以称皇帝为"真龙天子"，父母对子女也会抱有"望子成龙"的深切盼望。但是在西方人的思想中，"dragon"是凶残的怪兽，代表着厌恶的情绪，所以也被作为贬义词使用。

在中国宗教中的"菩萨、佛祖、玉皇大帝"等形象在西方人的思维中是不存在的。大多数西方人信仰的是基督教，《圣经》与希腊神话才是西方文化的发展源泉，在西方人的心里，宗教就意味着"上帝"，所以当西方人表示痛苦、悲痛与喜悦时，往往会说"My God"，在向别人表达祝福的时候也说"God bless you"。这些语言习惯都能够体现出宗教信仰的差异，了解不同宗教文化背景下的差异，对于翻译过程中准确使用词语是有着重要帮助作用的。

（五）价值观念差异对翻译的影响

所谓的价值观念就是指为人处世的准则，包括宗教信仰、风俗习惯、伦理道德以及意识形态等不同观念。价值观在生活与文化中是起核心作用的，而这样的核心作用在两种不同的语言的表现中会对语言的翻译以及读者的理解造成诸多障碍，所以这也是译者在翻译的过程中需要重视的内容。

价值观实际上是依附于不同的民族文化的，所以表现出非常鲜明的民族特性。在中国传统文化中，人们都有着强烈的集体荣誉感以及群体观念，在这种观念的支配下，中国人往往都非常重视家庭、集体以及社会的利益，所以自古就有名言"先天下之忧而忧，后天下之乐而乐"，这就是中国人崇尚的价值观与美德。但是在西方人的价值观中，个人的竞争意识与奋斗意识是最为强烈的，尤其在美国人心中，个人的发展好像是最为关键的，西方人的生活价值观就是"Every man is the architect of his own fortune"，翻译成"每个人都是自己命运的设计者"。在英文中，"individualism"是经常被使用的短语，在翻译为中文的时候往往译为"个人主义"或者是"利己主义"，这样的翻译常常被理解为贬义词，但是实际上，这个短语在英文中是一个褒义词，被理解为"个性"，这在西方人的价值观中是普遍存在的，表达出西方人主张个人不断奋斗的价值观念。在英文中，自私自利是"selfish"。所以，译者在进行翻译的过程中，也要考虑到不同民族、不同国家的价值观念的不同，从而能够在翻译中使用恰当、准确的词语，传达准确的文化信息。

四、翻译中文化交流与传播的策略

加强全球文化交流与融合，减少翻译语言障碍。今天，文化融合成为世界文化交往的发展趋势。作为开放的动态性系统，文化具有强大的包容力和渗透力，各民族文化相互交流、碰撞、吸纳、融合，增进了人们的相互理解，增加了人们的相互认同。这使得跨文化交流——翻译的障碍越来越少，语言沟通越来越顺畅。因此，翻译者要把握原作品所属国的历史背景和文化习俗，强化保护源语文化意识，深度了解原作品的文化底蕴和文化内涵。同时，通过多种方式和渠道，增进文化融合，加强文化交流，促进世界文化交流和传播。

合理恰当地运用翻译方法，扫除文化交流障碍。翻译者是连接原著作者和译著读者关系的纽带，在翻译过程中，若以原著作者为中心，就不免会给译著读者带来诸多困惑和不解；若以译著读者为中心，就不免会失去原著文化特色。因此，需要正确处理源语文化与目的语文化差异，灵活采用音译、套译、移植、译注、重创、模仿等方法，找出传递文化信息最恰当的表达方式，推动文化交流与传播；或以源语或原著作者为依归，以原著内容特点为基础，采用"异化"或"直译"翻译方法，最大限度保留原著风貌和风格；或者以目的语或译著读者为指向，把握原著作者思想，关照译著读者态度，采用"归化"或"意译"翻译方法，促进源语文化与目的语文化的融合。

提高翻译者综合文化素养，增强翻译实践经验。翻译者是翻译活动的主体，其素质的高低直接影响着翻译作品质量的优劣。作为一种跨语言和跨文化的交际活动，翻译要求翻译者既能熟练掌握和运用两种语言，又要熟知两种文化差异；要求翻译者不仅具备深厚的语言文字功底，还要具有较高的综合文化素养和文化意识，牢固掌握丰富的文化知识，努力积累翻译实践经验。在翻译时谨慎处理文化差异，准确把握文化内涵，真实再现原文风貌，恰当传递文化信息，更好地实现文化的交流与传播。

第二节　文化外译与传播的路径研究

文化走出去是中国政府倡导的国家战略，是提升中国海外文化软实力，塑造中国文化大国形象的重要途径，因此，国内学者聚焦文化对外传播这个新的学术领域，发表了许多研究成果。综观新世纪以来国内外译传播的研究文章，可知学者的研究目光正从翻译本体研究转向翻译与传播的跨界研究。面对如此多的研究文献，可探析出四个不同路径的研究，分别是对外翻译策略研究、外译作品质量研究、对外传播渠道研究与译本传播效果研究。现分别探讨各个研究路径的得失，以纠偏扶正，促进学术成果更好地指导我国的外译实践与传播，提升传播效果。①

一、对外翻译策略研究

黄友义认为对外翻译应贴近中国发展的实际，贴近国外受众对中国信息的需求和国外受众的思维习惯；王宁认为英语世界所提倡的翻译风格是"归化"，不管字面忠实与否，如果不能为普通读者所读懂，那就必定被图书市场冷落；张健认为外译中，译者应有的放矢地根据读者的具体语境对原文进行必要变通，变通策略有增译补充、释疑变通和合理删减；谢天振认为由于中西文化交流存在"时间差"和"语言差"现象，译者对外译介应采用归化策略，或应对原作进行不同程度的删节，以符合读者的阅读接受语境；吕世生认为林语堂对《红楼梦》跨文化的独特阐释，对我们的启示是中国文化外译必须加以调整变通，以消减进入西方文化框架的阻力。学者已经把读者的文化接受语境纳入研究视野，意识到对外翻译是两种语言文化的碰撞，需要把读者的阅读习惯和文化接受语境纳入对外翻译的考虑因素，强调对外翻译中要把读者对译文的理解度和接受度作为重点，这突出了翻译是一种跨语言、跨文化、跨社会的传播行为。如果译入语读者对译文的语义难以理解，或不认可译文要传播的思想内容，那么译文就达不到跨文化传播的目的。从这点看，把目光移向译入语读者，加强对译入语读者的阅读期待、文化语境和接受外来文化心态的研究，有助于对外翻译质量和传播效果的提升。

---

① 张永中，彭瑶 . 文化外译传播的多路径研究及演变趋势 [J]. 科技传播，2021，13（22）：58-60+73.

二、外译作品质量研究

王晓农以典籍译本为案例，分析了英译本存在的翻译和编辑方面的不足，探讨了如何提高译本翻译与编辑出版质量；任东升考察了《金瓶梅》英译本在排版上呈现的两种语言文本不完全对应现象，并从国家翻译实践高度对双语对照翻译、编辑、出版提出了建议。从这两位学者的论述看，外译作品翻译质量的高低涉及的因素较多，聚焦的目光移到了文本外编辑出版因素。笔者认为，一本装帧美观的外译作品传播到异域读者手中，外译作品的可接受度、译文内容的可理解度以及准确度等都会影响外译作品在读者中的传播接受效果。有时译者的中英双语功底深厚，翻译出来的译文内容忠实流畅，能激发起读者的阅读愿望，但在印刷出版环节中，如果译文的编辑与排版不佳，装帧不好，或封面图片文案触犯读者的文化接受禁忌，都会直接降低外译作品在译入语读者中的传播效果，严重的还会遭到读者的抵制。因此，外译作品的质量由两个环节决定：①对原作的翻译质量；②译文印刷出版过程中的排版与装帧设计。第一个环节要求译者具有良好的双语掌控能力和谙熟双语跨文化知识，这样才能较好地保证翻译质量，有时在译文正确传达原作语义的前提下，需要对原文做适当的跨文化障碍变通，使译文符合译入语读者的阅读接受习惯和文化语境；第二个环节关涉外译作品能否在读者快速扫描琳琅满目的书籍时，捕获读者的眼球，提升吸引读者的关注度，这是外译作品能被读者选择并阅读的关键因素之一。如果封面设计新颖、装帧精美，符合读者的审美和文化语境，将助力外译作品的传播，相反，将阻碍外译作品的传播与接受。换言之，外译作品质量的好坏由译文的翻译质量和译文排版设计环节决定。

三、对外传播渠道研究

张昆认为不能忽视国家形象对外传播的多渠道特征，桥梁人群、组织机构、传播媒介都可发挥对外传播的渠道功用；张梦晗分析了国外青年网民喜用新媒体平台的现象，认为对外传播要重视短视频渠道和移动端传播，以便顺应融合传播趋势；许钧认为除了图书翻译出版外，还应融合数字出版、影视、网络等各种媒介，发挥新媒体、融媒体在对外文化传播中的作用。从这些有代表性的成果可知，学者认为对外传播渠道已不仅仅局限于传统的报纸、期刊和广播电台传播，需探索新旧媒体融合传播以及多渠道协同传播，以达到对读者或受众接受资讯的渠道进行全覆盖，增加读者接受相关资讯的广度和深度。特别是当前，随着移动互联网在世界范围内的普及，读者或受众能随时随地登录互联网，检索到大量相关信息，互联网、移动客户端正成为人们获取资讯的主要渠道，因此，探讨对外传播中新媒体的传播作用正成为当今学者关注的重点。当前，西方国家的媒体传播都从过去以传统纸质媒体为主，转到以网络媒体、数字媒体渠道为主的传播。因此，我国的对外传播，应顺应信息化社会资讯传播速度快、读者追求信息时效、信息发布者与读者之间互动的特点。这要求文化外译作品的传播应该转向以网络媒体为主、纸质出版传播为辅的对外传播局面。此外，对外传播渠道还不能忽视海外华人社团、中国海外文化和孔子学院的本地化传播，他们熟悉异国他乡的风土人情、文化禁忌、沟通技巧。综上所述，我国文化外译作品的对外传播渠道可包括传统的纸质媒体传播、网络媒体传播、海外华人社团传播、中国海外文化中心传播以及在海外的孔子学院传播，这五大对外传播渠道，能形成以网络媒体传播为主、其他渠道传播为辅、多渠道协同式传播的局面，这能提升中国文化的对外传播力。

四、译本传播效果研究

国内学者对外译作品的传播效果研究不多，下面是三个比较有代表性的研究成果：李宁认为中国典籍译本的流通量与保有量偏小，关注度不高影响了译本在美国读者中的传播效果；鲍晓英分析了翻译传播中的各个环节，认为传播中的各个环节是一个有机体，共同对译本的传播效果产生了影响；刘亚猛、朱纯深认为译本在传播中需要有影响力的书评来引导海外读者的阅读选择，这样有助于提升译本在传播对象国的传播效果。上述学者对传播效果的研究着力聚焦于影响传播效果的各个因素，分析有理有据，但外译作品的传播效果是个抽象的概念，外译作品在海外传播接受达到什么程度才算有传播效果？目前还没有量化指标可以作为传播效果好坏的评估依据。通常，学界认为外译作品传播到海外的传播对象国，进入该国的图书馆和书店就算达到了传播目的，其实，这种理解是有偏误的，外译作品在传播对象国出版发行，只能说明外译作品有被译入语读者阅读接受的可能，并不能确保外译作品就一定被读者阅读理解了，即使读者阅读理解了外译作品的内容，也不能表明读者就认可接受了外译作品内容。我们对外译介传播的最终目的是要译入语读者理解并接受外译作品的思想、观点、价值导向和中华文化。据此，对外译介传播效果可以分为两个层次：初级传播效果和高级传播效果。初级的传播效果层次是外译作品被译入语读者阅读并理解，至于读者是否认同外译作品的思想内容和价值观，不在初级传播效果的考察范围内；高级的传播效果是外译作品被译入语读者阅读并理解，同时还能让读者认可并接受外译作品所承载的思想内容、价值观或中华文化等内容。当前，外译工作者和对外翻译出版部门要纠正外译效果认知偏误，提高外译作品的译入语读者阅读率和理解度，让外译作品在读者中广泛传播。在此基础上，让外译作品被译入语读者通过阅读，认可并接受外译作品的思想内容或价值观，这是对外传播效果研究的终极目标。因此，对外译介和传播应聚焦上述两个层次的研究，以达到真正提升对外传播效果的目的。

第三节　文化外译与传播的演变趋势

由上述国内文化翻译与传播的不同研究路径，可以看出不同路径的研究都取得了不少成果。有些虽为感性，却是理性升华的前奏；有些虽缺乏理论深度，却为今后的系统化研究提供了思考的起点。结合国内外翻译学研究和对外传播研究，后疫情时代我国文化外译的研究趋势可以推演为从以思辨研究为主转向以实证研究为主、从零散的外译传播观点到系统的外译传播理论构建、从翻译的本体研究到翻译与传播的跨界研究、从以客体为主的研究到以主体为主的研究等几种主流趋势。

一、从思辨研究为主转向实证研究为主

目前国内缺乏对文化外译研究的田野调查式研究，虽有零星的个案实证研究，但缺乏广度和深度。外译学和传播学都是实践性较强的学科，学科研究必须贴近译入语读者的阅读语境，贴近传播对象国受众的阅读期待和习惯，这样得出的结论更具有科学性、可操作性，更能指导作品的对外翻译与传播。只有根植于翻译与传播实践的研究，产生的理论成果才能有效指导实践。

二、从零散的外译传播观点到系统的外译传播理论构建

目前绝大多数研究都聚焦于外译传播中的某一方面，尚未形成系统的外译传播理论。没有学者以具体的外译作品为研究对象，调研外译作品在英语世界的传播与接受现状，并基于作品的传播接受现状，对后疫情时代提升国家海外形象的

文化译介传播理论进行研究，构建较为系统的外译传播理论。当前，在文化走出去和"一带一路"倡议的背景下，文化外译与传播实践亟须系统的理论指导，以提升对外翻译质量与传播效果。

三、从翻译的本体研究到翻译与传播的跨界研究

文化外译从关注译文的翻译过程、翻译方式方法、翻译质量评估标准的本体研究跨界到传播学，把翻译与传播有机结合，整合成外译传播学，以满足中国文化走出去的战略需求。翻译与传播的跨界研究正成为当今学界研究的热点领域之一，这种跨界研究体现了翻译的本质属性，即翻译是跨语言、跨文化和跨社会的一种活动。

四、从以客体为主的研究到以主体为主的研究

传统的对外翻译研究注重译文与原文内容的一致性，强调如何再现原文思想内容，这种注重原文和译文的客体研究正让位于以译者和读者为主体的研究。在翻译实践中，为满足读者阅读习惯或阅读期待，达到译本容易被读者理解和乐于阅读的目的，译者往往会发挥主观能动性，使用一些翻译技巧或跨文化交际策略来处理双语转换过程中遇到的文化障碍，这正是译者主体性的体现。以译者、传播对象国的读者为研究对象，能聚焦译者翻译过程的思维活动，突出读者的阅读期待与行文表达习惯，这不仅能为译者对原文的变通式翻译提供理据，而且能提升外译作品在海外读者中的传播与接受效果。

由于文化外译传播属于跨学科研究，是一个崭新的学术研究领域，因此，深入探讨对外翻译策略、外译作品质量、外译传播渠道、译本传播效果等方面的研究，有利于消除外译传播认知误区、提升对外传播接受效果。同时，我国的对外传播研究必须在整合翻译与传播两门学科的基础上，进行跨学科研究。因此，今后我国的外译传播研究必须顺应外译传播学术发展的四大趋势：①从以思辨研究为主转向以实证研究为主；②从零散的外译传播观点到系统的外译传播理论构建；③从翻译的本体研究到翻译与传播的跨界研究；④从以客体为主的研究到以主体为主的研究。了解外译传播领域的四大学术研究发展走向，能使外译传播研究紧扣学术发展脉搏，研究成果能有的放矢地在对外翻译与传播实践中起到指导作用，以提升文化外译传播效果。

第四节　文化翻译传播过程的四种模式

中华文化"走出去"已成为当代中国文化建设的重要内容，党的十九大报告明确提出要"推进国际传播能力建设，讲好中国故事，展现真实、立体、全面的中国，提高国家文化软实力"。但当今世界正面临百年未有之大变局，中华文化"走出去"面临艰难复杂的局面，需要我们着眼长远，充分把握好中华文化"走出去"的形式，并深刻认识其内在规律，加强传播理论创新。[①]

从根本上说，中华文化"走出去"具有跨语言传播的特征，其主要表现形式为翻译传播。中华文化要"走出中华文化区""走进其他文化区"就必须借助翻译。翻译传播是异语场景中人类借助翻译实现的信息传递活动，相对于同语场景中的一般传播来说具有自身的特性和规律。研究翻译传播本质及其规律的学科就是翻译传播学，既是传播学的分支，也是当今学术界关注的新兴交叉学科。构建翻译传播学的目的就是为中华文化"走出去"提供理论支持。

构建翻译传播学，首先要明确翻译传播的本质和过程，本质论与过程论是翻译传播学的两块基石。本质是对翻译、传播、翻译传播之间关系的厘清，用于回答"翻译传播是什么"的问题；过程是对翻译传播环节和要素之间关系的呈现，用于回答"如何进行翻译传播"的问题。模式是对真实世界的一种理论化和简约化的表达，以抽象的方式深化对事物本质的认识。翻译传播的过程模式是对其基本结构和运行规律的模式化表达，为翻译传播过程研究提供基础理论框架。本文基于传播学的传播过程理论，结合对翻译传播本质的认知，提出翻译传播过程的四种模式，其从简单到复杂、从抽象到具体，根据要素与变量的参与程度形成递进的模式序列，逐步揭示翻译传播过程的基本结构、要素互动、内在机制、外部互动以及社会影响。四种模式分别从不同方面揭示翻译传播的属性与内涵。

一、线性模式：揭示翻译传播的基本结构与特殊性

哈罗德·拉斯韦尔（Harold Lasswell）提出了著名的"5W"传播过程模式，最早以建立模式的方法对人类社会的传播活动进行了分析。"5W"模式就是一

---

① 尹飞舟，王佳娣. 中华文化走出去的理论新视角：翻译传播过程的四种模式 [J]. 求索，2021（02）：44-50.

一般传播过程的线性模式，把五个构成要素按序列连接起来，形成一个链式结构：谁（Who）→说什么（Says What）→通过什么渠道（In Which Chan-nel）→对谁（To Whom）→取得什么效果（With What Effect）。这一模式界定了传播学研究的范围和基本内容，影响极为深远。翻译传播是通过语际转化实现的传播活动，即讯息发生了从原语到译语的转化，因此翻译传播过程比一般传播过程多了一个环节，即"翻译"。在翻译传播过程中，"译者"（Who translates）是不可或缺的要素，承担着讯息转化的作用，是原语讯息（Source Language Mes-sage，简称 SLM）到译语讯息（Target Language Message，简称 TLM）的转化者，因此翻译传播的线性模式包含六个要素，即翻译传播主体、讯息、译者、媒介、受体以及效果，简称为"6W"。由于翻译活动的主要任务是处理语言符号，此处的客体（讯息）用原语讯息和译语讯息加以区分。是否有译者参与，即讯息是否发生语际转化是区分翻译传播与一般传播的标志。

　　翻译传播过程的线性模式是高度抽象的模型，展示了翻译传播的六个要素及各要素之间的关系。翻译传播过程的线性模式与一般传播的线性模式的主要区别在于译者在翻译传播中的重要角色和讯息的语际转化。在翻译传播中，主体发出讯息后，译者接收并进行语际转化，此时受体处于等待状态，因为受体不是直接从主体处接收原语讯息，而是从译者处接收译语讯息。所以译者是原语讯息的接收者，也是译语讯息的发出者。译语讯息经媒介到受体，完成一次单向的翻译传播过程。在此过程中，翻译是一个相对独立的环节，译者在其中扮演关键角色，是讯息语际转化的生成者，是翻译传播中不可或缺的关键要素。由译者对原语讯息进行解码和编码生成译语讯息，再进入下一环节，经过媒介的进一步解码和编码之后，到达翻译传播受体。因此，在整个翻译传播过程中，讯息经过了两次转码，由原语讯息转化为译语讯息，再通过媒介，由译语讯息转化为受体接收的讯息。

　　线性模式体现了最基本的翻译传播结构和过程，为人们理解翻译传播过程的各环节及其内在关系提供了基本的路线图。在翻译传播六要素中，以传播效果为目的，以讯息为纽带，形成了翻译传播过程的四个环节：以主体为中心的发起环节、以译者为中心的翻译环节、以媒介为中心的传输环节以及以受体为中心的接收环节。翻译传播过程的线性模式可用于描述单一翻译传播活动的环节与要素。例如，1595 年，利玛窦（译者）在南昌应建安王朱多（翻译传播主体）之邀，将西方关于友谊的格言译成中文，以中文和拉丁文对照的形式编成小册子《交友论》（客体—讯息），引得南昌的士大夫（翻译传播受体）争相传阅、摘抄。后来分别在江西、安徽和南京刻印出版，后又被收入《天学初函》和《四库全书》（媒介），使得这部以"友道"为主题的格言集在中国流传甚广。冯应京在《刻交友论》序中发出"东海西海，此心此理同也"的感慨（效果）。运用线性模式对翻译传播过程六要素进行分析，有助于明确翻译传播活动的基本过程和主要环节，以及分析各要素在其中所起的作用。

二、循环模式：揭示翻译传播各要素之间的互动关系

在翻译传播过程中，受体并非被动地接受讯息，而是积极理解讯息并做出反馈，其作用体现在两个方面：从受体角度看，反馈是翻译传播受体的意见、需要、态度等信息的流通方式，受体可以更积极主动地介入翻译传播过程，对效果产生影响；从主体角度看，反馈可以检验翻译传播效果，主体可以根据反馈调整和规划目前以及未来的翻译传播行为。受体接收到讯息后，可以对媒介、译者和主体进行直接反馈，但在翻译传播过程中，由于存在语言转换，受体的意见通常要通过译者进行间接反馈，即译者获取受体的反馈后，将反馈讯息进行语际转化，再传递给主体和媒介。主体在接收到反馈后，对原语讯息进行及时修正、补充或更新，再通过译者的翻译活动转换为译语讯息，经由媒介再到达受体，形成翻译传播的循环模式。

反馈是循环模式区别于线性模式的要素，翻译传播效果主要通过受体的反馈体现。受体可以向主体进行直接反馈，也可以通过译者将反馈内容传达给主体，译者在此过程中仍然充当反馈讯息语际转化者的角色。根据译者是否处于传播现场，翻译传播可分为现场翻译传播和非现场翻译传播。一般的口译传播活动属于现场翻译传播，而一般的笔译传播活动属于非现场翻译传播。现场转播和非现场转播中都存在受体的反馈，根据反馈的作用和发生的时间可分为即时反馈和延时反馈，根据反馈的方式又可分为直接反馈和间接反馈。

（一）现场翻译传播的循环模式

在现场翻译传播活动中，受体的反馈讯息通过译者的现场翻译传达给主体，主体据此对传播活动的内容和形式等进行调整，使得反馈具有即时性和直接性。现场翻译传播中受体的反馈对译者和媒介也产生影响，对译者的影响尤为明显。译者会根据受体的反应做出即时判断，不断调整自己的翻译行为，使讯息传达更加明晰、顺畅，从而实现更好的翻译传播效果。这在口译传播实践中很常见，例如在每年全国两会期间召开的记者招待会上，答问者与提问者分别充当着翻译传

播主体与受体的角色，记者通过提问获取自己想了解的讯息，答问者根据记者提问回答有关社会普遍关注的话题，调整回答的方式和内容，他们的讯息交换往往通过译者来完成，是一种典型的现场翻译传播循环模式。

（二）非现场翻译传播的循环模式

在非现场翻译传播的循环模式中，反馈呈现多样性和交互性的特点。受交流渠道的影响，受体的反馈往往具有滞后性。受体可以直接向主体反馈，也可以通过译者间接反馈，受体的反馈同样对译者和媒介产生影响。比如一本图书出版后，出版社通常会对图书销量、读者评价等进行调查，根据结果决定是否加印、重新设计或对内容进行修订。湖南科学技术出版社推出霍金的《时间简史》中文版受到读者欢迎后，出版社多次加印，译者和编辑对内容进行修订，重新装帧设计，使该书成为出版社畅销的科普类图书。湖南科学技术出版社还成为中国大陆唯一获得授权的霍金著作中文版出版机构，接连推出霍金著作 17 种，带动了系列科普图书的热销。由此可见，在非现场翻译传播活动中，受体的积极反馈，与主体、讯息、译者、媒介等形成良好的互动关系，有助于提升翻译传播的效果。

在翻译传播活动中，受体与其他要素之间存在广泛的互动。翻译传播活动引入反馈的概念之后，激活了翻译传播的循环模式，其重点是主体、译者、媒介和受体之间的互动关系和相互影响，以及译者在此模式中的作用。翻译传播过程的循环模式可用于以受体为中心的翻译传播活动考察，研究受体的反馈对于翻译传播活动各环节和各要素的影响，以及对传播效果的影响。

三、系统模式：揭示翻译传播活动的系统性及相互之间的影响

系统是同类事物按一定的关系组成的整体。翻译传播作为一个整体，常以系统的方式呈现，是多种翻译传播活动相互作用的综合过程。在翻译传播系统中，除了主体、讯息、译者、媒介、受体之间的互动及相互影响外，每个环节也受到诸多相关因素的影响。若将翻译传播视为一个大系统，根据标准的不同可分为不同的子系统，各子系统间相互影响。因此，翻译传播过程的系统模式可用以解释整个过程中子系统、各要素及相关因素的互动关系。翻译传播过程的系统模式又可分为单一系统模式和复合系统模式。前者表现为单一翻译传播活动中各环节、各要素与影响因素之间的互动关系；后者表现为不同翻译传播系统之间、不同翻

译传播系统要素之间的互动关系。

（一）单一系统模式

翻译传播的单一系统模式是某一翻译传播过程中各环节、各要素、其他相关因素及其互动的模式呈现。该模式是在循环模式的基础上，增加各种影响因素形成的。在该模式中，除各要素之间的互动和影响外，在讯息的选择和生成环节，还与作者、原始讯息等产生直接或间接的互动关系，进而影响整个翻译传播过程。

翻译传播单一系统模式中，六大要素之间呈现出相互影响、相互制约的关系。主体控制讯息的翻译传播过程，与作者、讯息、译者、受体之间存在广泛的互动关系。主体对讯息、译者和媒介具有选择权，译者、媒介都受制于主体，共同完成翻译传播目的。原语讯息由译者转化为译语讯息，再经过媒介到达受体，讯息在主体、译者、媒介和受体之间流动。原语讯息的选择和加工有时会受到原作者和原始讯息等因素的影响。影响译者的主要因素包括主体、作者、媒介以及受体。主体和作者同时影响译者的译材选择、翻译方法及翻译效果。译者在译材选择的过程中或主动，或被动，这取决于主体和作者的身份及目的。译者的翻译方法可能会受到媒介的制约，同时也会直接影响讯息的传达效果，进而影响受体的接受与反馈。媒介除了对讯息的解码和编码以及收集受体反馈外，也受到主体的意志和理念、译者的翻译方法以及受体反馈的影响。受体接收讯息后，对主体、讯息、译者或媒介做出多种形式的反馈，这是翻译传播效果的体现。

（二）复合系统模式

不同翻译传播系统之间并非孤立、封闭存在，而是相互交错并产生影响，这就形成了翻译传播过程的复合系统模式，其又可分为共时复合系统模式和历时复合系统模式。前者用以描述某一特定时期不同翻译传播系统以及各要素之间的互动关系；后者用以描述某一翻译传播系统在不同历史时期的演变。

在共时复合系统模式中，从事翻译传播的媒介机构（期刊社、出版社、广播电视台、网络平台等）之间相互影响，同一媒介机构的不同部门或个体之间也存在影响。就某部文学作品的翻译传播而言，涉及原著的作者和出版机构、译者、译著及其出版机构等，彼此之间涉及版权、内容、形式等问题的协商，不同出版机构之间的相互影响显而易见。在一部图书的多语种版本翻译出版中，其采取的翻译标准、对原文术语的理解、译名的统一等均存在对其他语种（尤其是英语）借鉴的现象，因此不同语种的翻译传播之间存在着普遍联系和相互影响。

在历时复合系统模式中，不同历史时期的翻译传播之间也相互影响。以《墨子》的英译为例，首个重要英译本由梅贻宝于 1929 年完成，后来的伯顿·华滋生（BurtonWatson）重译该书时，在译本的前言中明确写道从梅贻宝译本"获益匪浅"。其后出版的汪榕培与王宏译本、李绍崑译本、伊恩·约翰斯顿译本也都在译者序中指明参考了之前的各种译本，有的还指出之前译本中存在的错误，并在新译本中加以改正。由此可见，在作品的历时翻译传播中，不同翻译传播系统之间的影响是较为普遍的，尤其体现在讯息的互文性和传播效果的累积性上。

翻译传播过程的系统模式涉及各个环节、要素及相关因素之间的互动，揭示共时性和历时性翻译传播活动之间的相互影响及规律。共时复合系统模式可用于指导某一特定时期不同翻译传播活动的比较研究，如不同媒介机构的翻译传播活动、不同文本类型的翻译传播活动、同一作品在不同语言中的翻译传播、不同媒介对翻译传播效果的影响等属于共时研究范畴。历时复合系统模式可用于指导翻译传播史研究，如某部作品翻译传播的历史、主体或翻译传播媒介的发展史、读者期待的演变史等都属于历时研究范畴。翻译传播过程的系统模式有助于消除大众翻译与传播相分离的误解，充分展示翻译与传播相融合的本质性特征，为翻译过程研究打开新思路，也可以为作品的重译研究带来新启示。

四、社会模式：揭示翻译传播与社会环境的互动关系

对上述三种模式的探讨是基于翻译传播系统内部环节和要素的考察，翻译传播作为一种社会活动，并非在真空中进行，而是受诸如意识形态、行政管理、社会舆论、民众心理、市场规则等各种社会因素的制约和影响。社会因素是翻译传播语境的重要组成部分，只有把翻译传播置于一定的社会环境之中，即置于人们的社会关系、社交网络活动的相互作用中去分析和研究，才能在现实中把握其发展与变化。反之，翻译传播的过程和效果也会对社会产生反作用。翻译传播过程的社会模式就是用以考察各种社会因素在翻译传播过程中的作用，以及翻译传播的过程和效果对社会的反作用。

（一）社会因素对翻译传播的影响

社会因素可以对翻译传播的整个过程产生影响，也可以影响其中的某一个（些）环节，具体包括以下几个方面。首先，影响主体的决策。翻译传播主体是活动的发起者，是决定总过程的把关人。其在决定是否发起一个翻译传播活动，尤其是在选择讯息时，必然会考虑以下问题：传播行为本身能否被译语社会的意识形态所接受？是否符合政府的相关管理规定？讯息是否符合译语社会舆论和受

体心理的期待？怎样做才能符合市场规则？因此，社会因素对翻译传播主体决策的影响体现得最为明显。其次，影响译者的翻译。译者是翻译主体，在翻译过程中做出的选择决定翻译效果，要考虑原语和译语文化差异和译语受体的心理期待。根据埃文—佐哈（Even — Zohar）的多元系统理论，如果翻译文学在译语文学系统中的地位较高，译者就会倾向于选择异化策略，更多地保留原作的文化特征；如果翻译文学在目的语文学系统中处于弱势地位，译者则会倾向于选择归化策略，使译文更符合译语受体的语言和文化习惯。这些可视为翻译的外部因素对译者翻译传播活动产生的影响。再次，影响讯息的翻译传播方式。社会因素对翻译传播方式的影响体现在媒介上。随着大众传媒的发展，特别是自媒体、新媒体、融媒体的出现，各种形态的媒介都受到社会因素的影响。报刊社、出版社、广播电视台、网络平台等都属于大众传媒，其翻译传播活动受国家相关法规制度的约束。同时，不同媒介也会针对不同的受体采取不同的翻译传播方式。最后，影响讯息的翻译传播效果。翻译传播效果主要通过受体反馈来决定，因此社会因素对翻译传播效果的影响就体现在对受体的影响上。意识形态、社会舆论及群众心理等因素对塑造受体的价值观和审美观都会产生一定的影响，进而影响受体对讯息的接受和反馈。

以清末民初的文学翻译为例。在梁启超的号召和带动下掀起的翻译欧美政治小说热潮，与当时中国人民寻求"救亡图存"的历史背景密切相关。梁启超敏锐地觉察到译介西方政治小说对启迪民智、改造社会的作用和意义。他发表了《译印政治小说序》一文，极力宣传欧美政治小说的社会功能，创办报刊，并身体力行进行翻译实践，使政治小说成为晚清翻译的热点。其本意虽然是利用小说达到政治变革的目的，但客观上提高了小说翻译的价值，同时也提升了小说的文学地位。在此过程中，社会因素对翻译传播的影响可见一斑。梁启超作为传播主体在选择译介西方政治小说时，受到富国强民思想的极大影响，其创办的报刊及发表的文章和译作，极大地推动了政治小说在中国的翻译传播。跟随其后的译者不仅获得了报酬，还提升了社会地位，将翻译与国家民族命运联系在了一起，在当时的读者中产生了强烈的共鸣，也带动了其他小说类型的引进翻译。该翻译热潮也被视为 20 世纪中国翻译文学开端的标志之一，在晚清特殊的历史背景催生下，中国翻译文学的大幕徐徐拉开。

（二）翻译传播对社会的影响

翻译传播过程一方面受社会因素的影响和制约，同时也对社会产生反作用。

翻译传播也同样影响着社会的发展，对原语社会和译语社会都会产生影响。翻译文学在东西方文化中都占有重要地位，也对自身的文学系统和社会产生了重要影响。中国现代的诗歌翻译传统是在五四时期的新诗运动中建立起来的，受新文化运动的影响，大量的西方诗歌被译成汉语白话自由体诗，呈现出反诗学的倾向，并在诗歌形式架构和思想内容上对中国新诗的发展产生了深远影响，使自由体诗在近百年的诗歌创作史上占据绝对主导地位。在当代，中国网络文学通过翻译在海外网站流行，获得读者追捧，这种现象代表中国网络文学对海外读者的吸引力，引起了国内文学界的关注和研究。同时，国外读者通过阅读中国文学译作，加深对中国历史与现状的了解，也有助于塑造读者心中的"中国形象"。微观上，翻译传播对译语的文学系统结构带来影响，丰富其文学形态；中观上，翻译传播影响译语社会的政治、经济、教育、科技等领域；宏观上，翻译传播能够促进文化交流与文化传承。

翻译传播过程的社会模式揭示翻译传播受政府、舆论、民众心理、社会习俗等各种社会因素的影响，同时也揭示翻译传播对社会的反作用，给翻译传播的历史文化研究提供了理论基础。该模式为研究翻译传播活动与社会的相互影响提供了理论阐释空间和实践操作规范。历史上不同阶段的翻译传播活动都与当时社会的政治、经济和文化有着千丝万缕的联系，运用历时研究可以分析不同阶段的翻译传播活动与社会因素之间的互动，以探讨社会因素对某一具体翻译传播活动的影响以及该翻译传播活动带来的社会影响，进而发现其存在的普遍规律，为翻译传播实践提供参考与借鉴。

翻译传播过程的四种模式由简单到复杂、由抽象到具体，逐步形成了自成一体又相互联动的理论架构。线性模式是其他模式的基础，以高度抽象的形式呈现了翻译过程中的主要环节和基本要素，是翻译传播过程的基本模式。循环模式加入翻译受体的反馈，强调讯息的循环流动，是以受体为中心的模式。系统模式将翻译传播活动视为独立运行的系统，是系统内部以及系统之间各种要素相互作用的结果。社会模式强调翻译传播活动与社会因素之间的相互作用。将翻译行为置于翻译传播的全过程，能够为翻译传播现象提供新的解释，有助于为翻译学与传播学中或模糊不清、或受到忽视的领域提供新的研究思路，进而形成翻译传播学的过程理论。

翻译传播过程的四种模式给研究中华文化"走出去"提供了新的理论视角。首先，中华文化"走出去"以跨语言的翻译传播为主，需借助翻译才能完成，因此必须遵循翻译传播的规律。其次，中华文化"走出去"的效果取决于翻译传播全过程，并非取决于某一个环节，想获得良好的传播效果，就要注重传播过程中各个要素之间的充分互动。再次，中华文化"走出去"要注重图书、报刊、广播、电视及互联网等各种共时性翻译传播活动之间的相互影响，还要注重历时性翻译传播活动的影响。最后，中华文化"走出去"需要研究其传播环境，尤其需要研究所面对的文化、制度和意识形态等方面的传播障碍。唯有深入了解传播障碍的形成原因，才能找到突破传播障碍的策略，加快构建中华文化国际传播的良好形象，中华文化才能更好地"走出去""走进去"。

第三章 翻译中文化信息传播的失真及应对策略

第一节 翻译作品中存在的问题

译者翻译时会受时代背景、个人喜好以及民族的文化认同等因素的影响，但翻译必须"忠实"地传播原文文化信息，这是译者的共识。现今的"忠实观"指的是忠实于原文的内容、意旨和风格效果，而不是原文的语言表达形态。语言和思维不同，其表达习惯自然也就不同。语言结构、文化背景等的差异，以及目的语读者接受环境的差异，翻译中文化信息发生偏离是难以避免的，但超出一定范围而造成误解则是有害的。

目前我国出版的翻译作品众多，翻译的现状良莠不齐，出现了很多翻译质量问题，影响了文化信息的传播，使读者深感困惑。①

一、文化意象的丢失

文化意象是各民族智慧和历史文化的结晶，其中相当一部分与各民族的传说以及初民时期的图腾崇拜有密切的关系。它们不断出现在人们的语言里，主要表现在动植物以及成语、谚语、典故或某个形容性词语中的形象或喻体等中，形成一种文化符号，具有相对固定、独特的文化内涵。有的还有丰富的意义及深远的联想，本民族的人一提到它们，就心领神会，很容易实现思想的沟通。但不同的民族由于各自的生存环境、文化传统，往往形成其独特的文化意象。有的意象为几个民族所共有的意象，不同的民族却赋予不同的、有时甚至是截然相反的含义。例如，在一种语言中带有褒义、正面意义的事物，在另一种语言中却成了贬义、反面意义的事物或者虽然意义不是截然相反，但至少也是大相径庭。用语言学家

---

① 徐美娥. 翻译中文化信息传播的失真 [D]. 江西师范大学，2005.

的话说"世界各族人看到的同一客观现象,不同的民族语言却给它刷上了不同的颜色"。

例如在汉民族文化里,蝙蝠是吉祥、健康幸福的象征,但在西方文化里蝙蝠并不给人以好感。相反,它是一个丑陋、凶恶、吸血动物的形象,与蝙蝠有关的词语大多带有贬义,像"瞎得像蝙蝠一样、有眼无珠、异想天开"等,这就是文化意象的错位。

在成语、谚语中,许多文化意象的错位则表现为喻体意象上的差异。例如,中文里形容某人瘦,说"他瘦得像猴子",英语之中却说"瘦得像影子";中文说人穷,"穷得像叫花子",英语中却说"穷得像教堂里的耗子";中文里"无风不起浪",英语却是"无火不冒烟"。这种文化意象的错位造成了翻译的困难。

两种语言文化意象的错位给译者带来了很多理解的障碍,尤其在文学翻译中,如果忽视了文化意象,就会影响原作整体内容的传达,甚至会影响对原作意境及其人物形象的把握如果译文丧失了原文的文化意象,也就会造成信息传递上的偏差。

万昌盛指出,"语言是文化的载体。文化铸定了一个民族的思维、气质,首先是价值、行为规范、风俗习惯和生活方式。在翻译过程中,我们如果忽视了这一点,那么,译文难免不出败笔,或一味硬译死译,或牵强附会,词不达意"。

作为读者不仅要求译文优美流畅,更要求译文能尽可能完整、准确地传达原作所特有的文化意象,否则,无论多么好的译文,如果失落甚至歪曲了原文的文化意象,就会使读者感到美中不足,有遗珠之憾,同时还会使读者产生错误的印象。目前人们对文化意象的认识还不够充分,往往把意象与文化割裂开来,把它与形象性词语、典故、成语、比喻、谚语等放在一起,视作近乎于修辞手段一类的东西。虽然文化意象与形象性词语等确有极其密切的联系,但它们还是有所区别的,文化意象渗透在这些词语里,但包含着更为广阔、更为深刻的内涵。

目前在翻译时对意象的处理存在着三种弊病:一是意象常常被略去不译;二是意象被译者解释、引申而遭破坏;三是一个新鲜的意象常常被陈旧、平庸的意象所取代,从而使读者不能真正地了解原语文化的意象。

二、译作的欠额翻译

译者在从事翻译时,对文化意象的把握不恰当,对负载文化意象词的可理解不够充分,就会出现译文文化信息传播效率低下的情况。如果译者无视译文的理解性和可读性，过高地估计译语读者的知识，以至于译文读者在译语中得不到原文所含的信息，原语信息被译者忽视或被打了不应有的折扣，造成欠额翻译，即低负载翻译或超负载翻译，这样也就满足不了信息接受者——译文读者的需求。低负载翻译指原语词语的文化内涵大于译入语词语的文化内涵，出现信息过载，超出译文读者的信道容量超负载翻译指原语词语的文化内涵小于译入语的文化内涵，没有考虑到读者已有的信道容量，这样必然会在译文中出现民族风味、联想意义，或是性格意义的缺失。比喻、暗引、习语和典故由于它们所特有的语义多重性、不同的文化因素和民族内涵，极易成为欠额翻译的牺牲品。例如，深圳朝华美术出版社的画册《西安》里，有一句介绍秦始皇兵马俑墓葬中出土的铜车马的话：

前室跪坐一铜御官佣，似关中人，形象逼真，气韵生动。

The driver is kneeling at the front cabin in official costume，with a sword at his waist who，vividly featured，looking just like a man born in Guanzhong.

"关中人"指陕西中部平原一带的人。译者音译"关中"显然造成了原文信息欠额的翻译，带来了原语信息不应有的损失，增加了译文的不透明度。

三、语言文化的污染

文化的传播必然带来大量的"引进词语"，经过一段时期的磨合，引进词语在某种程度上得到改进或得以改造，进入译语文化当中，成为译语文化的一部分。据不完全统计，历史上汉语引入外来语词汇一万个以上。

近年来，跨文化语际交流呈多样化、多层次化趋势，汉语同外语特别是英语的接触达到了空前的广度和深度。外来词滚滚而来，涌进了汉语文化，形成了不可阻挡的全民化趋势。翻译作为文化沟通、文化传播的角色已是一种司空见惯、家常便饭、无须提及的事情。翻译的作品早已融入人们的日常生活中，甚至成为人们须臾不可离的东西，它丰富了本民族的文化，并使得民族文化内容不断发展壮大。

外来词语的引进，不仅为其可取性所决定，而且会按照自己的规律来改造。以和为例，曾经被译为"德漠克拉西"和"赛因斯"，即人们所说的德先生和赛先生，它们的音译很难为一般人所理解，最后还是被比较符合形意词特点的"民主"和"科学"所取代。现代汉语中音译词，只有比意译更有效时，才能继续存在，在这种情况下，甚至可以直接引进外语字母的缩略形式或外语的首字母形式如光等。

在同其他民族文化交流中，借用对方语言中的某些词语来表达本民族中没有的新概念属正常的语言容纳现象。例如，酸葡萄精神、鳄鱼的眼泪等等，这些非常形象的词语的引入，丰富了我们的语言，为我们的文化增添了新鲜血液，促进了民族间的融合。相反，毫无必要地借用或滥用外来词来表达本族语中已有的对应形式的概念，无疑会产生语言污染现象，它不仅影响本民族语言的正常功能，同时也是一种缺乏自信的表现。随着我国与海外文化、经济往来的日渐频繁，"中外合成词"也应运而生。日常生活中特别是在广告中充斥了大量的中西混合码，如阿里斯顿之类年轻人在言谈中时不时地掺杂几个洋词，土洋结合的"羊径派"大有泛滥之势。当今开放的中国还出现了"中外杂交词"，如在广东出现了把"打球"叫"打波"、把"饼干"叫"克力架"等。这种不正常的"变异"现象不但污染了本民族语言，也给民族的自尊心带来一种明显的伤害。

历史上，汉语一直在不断地吸取其他民族的新思想、新术语，但是作为文化的中介人，既要融合、借鉴外来文化，化为己用，又要保留自身的文化传统，这样才能使自己本民族的文化源头流传下去。

四、译界的混乱现象

改革开放以来，我国翻译事业有了巨大的发展。仅以我国内地出版的外国文学读物为例，现每年都维持在千种以上。虽然翻译读物品种迅速增长，却并没有带来翻译质量的相应提高。相反，在经济全球化、文化多元化的趋势下，中外作品的翻译越来越广泛、频繁，但翻译图书的质量问题却年复一年地困扰着每一位读书人。在人文社科的某些领域，尤其是文学的翻译，却呈现出混乱、质量下降甚至粗制滥造的现象。这除了与翻译出版界本身因素有关外，还与译者的素养及翻译作品的出版商的要求等都有相应的关系。

季羡林先生提出了关于"翻译危机"的警告，指出译文问题的两大原因：一是外语水平，一是工作态度。郭沫若早在年代就指出过"籍译书以糊口，籍译书以钓名，籍译书以牟利的人，正是滔滔者天下皆是"。罗新璋也说，现在译界就存在这种为片面追求经济利益，胡译乱抄，要钱不要质量，社会责任心不强，职业道德低下的现象。

翻译最重要的就是忠实于原著，这种忠实必须在吃透原著精神内涵的前提下才能实现。其实出版界翻译质量下降与国内整个急功近利的状态是密不可分的。

译著出版是译者与出版社尤其是编辑合作的产物。翻译质量直接取决于译者，但是受诸多因素影响，目前粗制滥造的译著充斥市场却应是出版社的责任。出版社注重经济效益，大多数书籍是一切以经济效益为中心，社会效益就不在考虑之列。很多书有个最佳时机，为了抢商机，给译者的时间往往太短。高速度，质量就难以保证，精品是需要花工夫来慢慢打磨的。

翻译是一项艰辛的再创造性跨文化活动，往往耗费译者大量的心血、精力和时间。而精心翻译出来的作品，不一定得到社会相应的回报，不被社会所认识，甚至被社会所忽视。或许由于这方面及其他诸多的因素，有些译者翻译态度极不严肃，不重视译德的自我约束，受短期经济利益直接驱动，而成为赚钱的机器，有些出版社为了谋取利润，并利用了译者的这些心理，造就出了大量的劣质作品在社会上销售。

第二节　造成文化信息传播失真的原因

翻译作品追求文化信息的传真，是译者的目标。但由于众多因素的影响，诸如语言因素本身、译者的素养等，往往不可避免地造成信息传播的失真。

一、语言符号的抽象性与片面性

人类是符号的世界，语言符号是人类最主要的符号。语言符号是静态的、有限的、抽象的，而真实却是动态的、无限的、丰富多彩的，人们用有限的符号来指代那无限的世界、无限的意义，所以它所传达的意义有时是模糊的、暧昧的。其暧昧性主要体现在意义的模糊与其意义的多义性。以水果为例，其包括的范围很广，那么西红柿、西瓜等属于水果还是蔬菜，其概念不容易分清并且语言符号的实际含义远比字典上所表达的共有含义丰富得多。这种暧昧性和多义性，就造成了人们之间沟通意义的障碍，也造成了理解的不确定性。因而语言在认知现实、反映现实上存在着很大的局限性。

翻译的编码与解码过程中，人们对感受的原文信息中的各种符号、所指与能指进行选择、组织并解释，从而使那些来自现实世界的认知元素在脑中形成一幅有意义的主观图景。翻译的"二度编码"过程中，译者的译码与编码都是在人脑中进行的一种主观活动。译者在第一次解码时，原文本信息作用于译者——第二传播者的大脑，属于人的意识活动范围，那么译者在编码过程中由于受主观因素的干扰，有时不可避免地渗入想象成分，即某些不属于理解对象本身的内容，如别的文化背景、动机、态度等，因而会发生信息的失真与变形。译者—传播者受主观意志的左右，会不自觉不变动文化信息，所以信息经过编码会发生变形，经过译码会出现扭曲。

人们常说小说说不尽人间故事，诗歌道不尽人世情怀。任何一套语言符号都不能把一个人的全部感觉和内心的所有活动表达出来。翻译是对语言符号的解释，而其所进行的解释，不可能脱离语言的社会环境。语言符号与意义之间的关系并不是一种凝固与给定的关系，意义的生存有赖于多方面的因素，这也就对翻译要求语言形式的简单对应的传统做法提出了理论上的不可能性。并且符号指说对象所引出的意义又常常因人而异，个人的理解各有不同，有很多部分是属于经验范围。任何个人的经验范围不一样，自然会有不一样的理解，对此如不警觉势必出现翻译不当的情况。

二、译者文化素养的缺乏

文化生活背景的不同，人的行为观念、习惯、性情等都会不断地受其文化模式的塑造和熏陶，人们对事物的理解不免要受自身文化背景的影响，因此带有鲜明而独特的文化烙印。"同是《哈姆雷特》，英国读者同中国读者的理解会有所不同同是水门事件，美国公众与中国公众的看法迥然相异；同是《撒旦的诗篇》，伊斯兰教徒与非伊斯兰教徒的反应更是大相大相径庭。这些理解的差异都涉及文化背景。文化背景的不同，往往导致对同一事物不同的认识。"

翻译是一种跨文化的传播，它不仅涉及语言的转换过程，而且涉及文化信息的传播过程。作为传播过程的主体—译者，要不断在原语与译语两种语言文化间经常性地进行语言符号、两种文化内涵及其他各种语境因素的慎重选择。但不同语言各自特有的文化积淀和体现，使它们彼此之间的转换就变得异常复杂，译者永远与文化相联系，永远会受到他所处的社会环境及其文化因素的制约和影响，而译者的选择又会影响原语文化及译语文化。中西文化差异带来翻译过程中两种不同的文化观念碰撞、冲突，给翻译带来种种障碍和困难，也自然会造成原文本译入目的语之后文化意象信息的失落、变形、增添和延伸等问题。

由于翻译涉及两种文化的传播，而文化有关系到社会文化生活的方方面面，译者的文化素养不丰富的话，就很难顺畅地传递文化，自然也就不能很好地进行翻译。

三、译者的态度与委托人的要求

译者在翻译时，除了会受语言符号本身、译者的文化修养等因素的影响外，还会受译者自身的文化态度和委托人的影响。

（一）译者自身的态度

译作的高低，不仅显示译者语言转换的技巧和功底，而且体现着译者的敬业精神。

一方面，译者自身的意识形态会影响他的翻译策略。例如，误译与信息的个性化处理，从而造成翻译中信息传播的失真。

译者为了达到某种目的，故意不用正确的手段进行翻译，而采用有意识的"误译"，从而造成原文某些信息的丢失。这种误译，有的是因为政治的需求，有的是由于社会伦理需求等方面的因素，以迎合本民族读者的文化心态和接受习惯。或有的是为了强行引入或介绍外来文化的模式和语言方式，而造成误译。这种有意识的误译，是译者为了达到其目的而为之的。

而有的是由于译者对原文语言内涵或文化背景缺乏足够的了解，造成的无意识的误译或漏译，导致文化信息的误导。有意或无意的误译都不符合翻译要求，任何一个严肃的译者都应尽量避免。

另外，不同的译者采用的个性化翻译技巧不同，有的绝对采用"归化"而有的则绝对采用"异化"，这两种有失偏颇的翻译处理方式，同样会引起文化意象的丢失。因为归化，表面现象是用极其自然、流畅的译语去表达原著的内容，但在深处却程度不同地存在着一个译语文化"吞并"原语文化的问题。而"异化"则是译语文化"屈从"原语文化的现象。所以这种个性化的处理，会造成文化信息的丢失。

另一方面，译者的文化态度同样影响翻译作品的质量。倘若一个译者态度冷漠，失却了从事跨文化对话的兴趣和创造的热情，而把自己变成从一种语言转换为另一种语言的翻译机器，甚至是赚钱的机器时，其译本的质量就可想而知。林纾后期的翻译作品，就是一个典型的例子。由于他对翻译的态度发生了根本性的变化，他对所译的作品不再欣赏，也不再感兴趣，除非是赚取稿费的兴趣。所以在后期翻译中，塞万提斯的生气勃勃、浩瀚流走的原文和林纾的死气沉沉、支离纠绕的译文，孟德斯鸠的"神笔"和林纾的钝笔成为残酷的对照。这是翻译中最可怕的，也是对翻译最大的不忠。

（二）委托人的要求

翻译实践是从文本含有原文化内涵—译者—译者构造的文本（含被译者理解的文化内涵）—译者传达的文本（包括译者能够传达的文化内涵）—读者的接受包括读者所能理解的内涵，也就是说翻译的终点是在读者身上的，而文化翻译更是针对读者的，翻译的成败由读者来校验。因此译作读者的数量决定其效益，译者变得像是一个根据委托人要求设计、符合接受者文化圈特定需要的"信息传递物"，而译作也不再寻求与原文的等值，而只是一份满足委托人需要的目的语文本而已。

委托人为了拥有广大的读者，就不能违背大多数读者的审美意愿，并按这些读者的审美需求来决定翻译的内容及其翻译的价值取向。同样译者也要按照委托人或出版社的要求进行翻译创作。否则就会因不符合要求而受到责备或失去翻译的订单。目前一些出版社疏于质量把关，为了经济效益，有的甚至参与粗制滥造。出书翻译，却不配备外语编辑，他们对自己出版的翻译读物质量，听之任之，不负责任或者是有外文编辑却只要钱不负责任，借口"编译""缩写""节译""译述"，加油添醋，任意篡改原文。为了经济利益，译者就迎合这群读者的文化心态和接受习惯，或根据委托人的要求，故意不用正确手段进行翻译，从而造成的有意误译。这纯粹是为了个人的利益，翻译态度不严肃，不重视译德的自我约束，道德低下的一种表现。

（三）译者的建构环境对原文的叛逆

译者的接受环境，尤其是文学的接受环境是非常复杂的，它对原语文化信息的取舍起了很大的影响作用。

文学翻译中的接受者包括译者和读者。译者对于原语来说，他是个读者，是他源信息的接受者。但对于译作来说，他是个放送者、输出者。因为译者既为原作的读者，又是译作的传播者，他的创造性叛逆就发生在读者的理解性叛逆和译者的理解性叛逆两方面。读者的创造性叛逆一方面来自他的主观因素——他的实际观、文学观念、个人阅历等等；另一方面，也来自他所处的客观环境——不同的历史环境往往会影响读者接受作品的方式。对于读者在文学中的作用，通常人们较少予以注意。然而，文学翻译的最终目的是文学交流。脱离了读者接受的文学翻译就是一堆废纸，毫无价值而言，因为只有在读者的接受中文学翻译才能实现其交流的目的。

翻译把一个词、一个词组或一个意向输入到另一个文化圈子里后，接受者、读者不可避免地参与它们的创造性叛逆。他们或是给这个词、词组或意象增添新的内容，或歪曲信息或遗失信息。在这种场合，有时候译者知识越丰富，联想也就越丰富，对原文本的失真也就越大。

接受者与接受环境的叛逆更多地反映在文学翻译的传播和接受过程。翻译的跨语言和跨文化性质，使得一些原本很清楚、简单的词语，在经过语言的转换进入一个新的语言文化环境之后，会发生令人意想不到的变形，从而导致出人意料的结果。接受环境对原作叛逆的情形，是译者为了适应接受环境而做的背离原作的变动。在原语环境是正面的东西，经过译入语环境却变成了反面的东西或在原语环境是反面的东西，经过译入语环境却变成了正面的东西，或发生了其他的变化。例如，《伊索寓言》最早在古希腊只是用于演说词中，是为了加强说服力或使宣讲的哲理更加形象化而插入的小故事而已，其对象自然不会是儿童。但后来时过境迁，尤其是译成外文后，在世界各国多被视作少儿读物，这就是翻译中的接受者和接受环境的叛逆。

有时候文学作品被介绍给出乎预料的读者阅读，尤其是不处于同一历史时期的读者，作品的变形就在这样的接受环境中发生了。文学翻译要比一般的翻译更为复杂，作品都披上了另一种文化的外衣，因此文学翻译中的接受者和接受环境的叛逆也就更加丰富多彩。

第三节　翻译传播中文化的失真实例分析

一、中国古典文学翻译中文化的失落

现代社会中，全球化是大势所趋，各国纷纷开放国门，向国外展示自己的文化实力，宣传自己的文化形象。中国的古典名著哲学思想也开始被其他国家的人所接受，其特有的文言方式表达了特殊且丰富的思想，而这些又是英文所不能精确阐释的。外国人对于中国真正的文化元素了解得虽多但不深。例如，四大名著中的《西游记》在西方人眼中被认为太过暴力，而反映中国封建社会生活的《红楼梦》却被认为是一部描写情欲的小说。语言表达的不同、文化观念的不同、翻译者的功底等都是造成这种文明失落的原因。本书正是从翻译的内容来说明中国古典文化元素在对外传播过程中的失落。①

（一）失落的文化

汉代文学家许慎在其著作《说文解字》中有一段关于翻译的训诂："囮，译也。从'口'，'化'声。率鸟者系生鸟以来之，名曰'囮'，读若'讹'。"由此可以看出，所谓"译"者，即"传四夷及鸟兽之语"。人虽能准确传达出鸟兽之意，却无法复制出鸟兽说话的形态和动作，颇失了生动。现代的翻译也是如此，中译英，外国人以自己的母语熟读了中国的古典名著、诗词，获知了中国人的哲学，却无法感受到中文文言的意象，颇失了内涵。由于文化观念的不同，所产生的负载词及其内涵的差异、英语与中文文言的形象差异、中文的提示隐含特征与英文的平铺直叙的差异，这其中所产生的失落却也是无法避免的。

①负载词内涵的缺失

"文化负载词中有一种是源语（source language）与目的语（target lan-guage）中都有相对应的概念物质或基本（核心）意义。"这类词是在不同民族发展过程中发展起来的，具有特殊的文化内涵的词语，因此对不同的民族会产生大相径庭的意义。

富含文化内蕴的文化负载词可以有多种表现形式。例如，汉语中的青松、蜡梅、秋菊、翠竹，汉语中的"三""八""四"等等。而最典型的却是中华民族的图腾"龙"和"凤"，它与西方语言中的 dragon 和 phoenix 的形象概念虽相同，但所表达的意义却完全不一样。这些同样的概念由于不同的民族文化而被赋予了不同的延伸意义，造成了翻译中无法逾越的障碍。

例如，《红楼梦》第九回中的一句："这学中……'一龙九种，种种各别'，未免人多了就有龙蛇混杂。"杨宪益、戴乃迭的译文为："...as the proverb so aptlysays, 'A dragon begets nine offspring, eachone different.' And inevitably among somany boys there were low types too, snakesmixed up with dragons."原文是用"龙"来显示贾家地位尊高和才德兼备之人，而译文中的"dragon"一词对于西方的读者却容易产生一种错觉，即贾家族大人多、恃强凌弱，而且"snakes"和"drag-ons"不能表现出汉语中"龙"和"蛇"的天渊之别，因此，字面意义上的对等却远远不能传达和体现中国人所特有的情感意义和特殊象征。

另一类文化负载词是指语言之间没有相对应的概念。它是只有本民族才具有的独特概念和形象，因此造成了其他语言中的"词汇空缺"。这些概念出现在特

①　严兰，范玉金.文化的失落：符号转换中的民族文化对外传播问题初探——以中国古典文学翻译为例 [J]. 新闻世界，2011（09）：268-269.

定的民族或区域内，或与特定的历史时期、历史事件有关。

例如，"有眼不识泰山"，一种译法为 "have eyes but fail to see Mount Tai"。在这一译法中具有民族特色的文化负载词泰山直译为 "MountTai"。对于中国人，泰山是名山代表，象征着雄伟，表达着对无知者的嘲讽，但没有多少国学功底的国外读者很难从翻译中体会到其中的意蕴。而另一译法为 "fail to recognize one's emi-nence" 或类似的译法都是以表意为主，缺失了汉语的内涵特色。

由于表层意义与深层内涵的割裂、形式与内蕴的分离，西方读者无法体会出中华民族的文化内涵与民族色彩的完美结合。这不仅是西方读者对于中国文化的遗憾，更是中华民族展示其独特的文化魅力的渠道缺失。

②文化意象的失落

鲁迅先生曾经说过："凡是翻译，必须兼顾两方面：一面当然力求其易解，一则保存着原作的风姿。"即翻译既要有一定程度的"归化"，又要保留一定的"异国情调"，否则，就会造成原文特有文化意象的缺失。例如，中国的诗词在经过翻译之后，其韵脚、象征、内涵都一一失去，转变成另一种语言的大白话，文学的意象和诗的意境在无形中流失了。

李白的《长干行》："妾发初覆额，折花门前剧。郎骑竹马来，绕床弄青梅。同居长干里，两小无嫌猜。"其中第二句诗，庞德翻译为：

"You came by on bamboo stilts，play-ing horse，

You walked about my seats，playing with blue plums."

香港出版的《唐诗三百首》译为：

"When you，my lover，on a bamboo horse，

Came trotting in circles and throwing green plums."

诗中的"骑竹马"，是指儿童玩耍时胯下放竹竿边跑边当马骑；"床"，指井上围栏；"弄"，指设法取得。对于诗中的这些要点，两篇翻译均有不同程度的文化隐形或是误译。诗中的"同居长干里，两小无嫌猜"因其千百年来脍炙人口，演化成民间常用的成语"青梅竹马""两小无猜"，这已成描摹年幼的男女间天真无邪情谊的代表词，在中国文化中富有蕴意。而翻译中，"竹马"，庞德译为"踩竹跷"、香港版本译为"骑竹子做的马"。这样的翻译和下文"绕床弄青梅"完全失去了关联，诗中所表现的文化意象和原诗的意境就这样隐形流失了。

中国文化对外传播的加工过程中，译者为了方便西方读者的理解和接受，对源语中的文化会进行删减、置换，这样虽为阅读者铺平了道路，却减少了文

化的异质性，减少了中华民族的文化特色，失去了原作的文学意象，这就不可避免地造成了民族文化的失落。

③文化形象的扭曲

负载词的缺失，文化意象的流失，相应地，文化形象在一定程度上也会被扭曲。由于文化观念的不同、负载词等翻译的局限，再加上译者的自我"异化"，我国部分经典的文学作品的译作既让国人啼笑皆非，也让国人羞愧难当。例如，四大名著之一的《水浒传》有一个版本译名为《105 men and 3women》（《105 个男人和 3 个女人的故事》）。草莽英雄小说，却变成了貌似男女之间的"情爱"故事。同样，由于翻译和文化的不同，东方文化形象的扭曲现象普遍存在于现今的全球化语境下。2001 年由蒋雯丽和梁家辉主演的电影《刮痧》就明确地记述了这种东西方之间的文化冲突给华人所带来的困境。电影里的律师扬着手中的《西游记》译本，在他眼里，《西游记》是一本暴力小说，小说主角"孙悟空"是仅仅会使用暴力解决问题蛮不讲理的"the damned monkey"。但众所周知，《西游记》是中国人引以为傲的文学经典作品之一，"孙悟空"是降魔除妖追求正义的英雄化身。可见，文化的误差、翻译的误差所制造的文化形象是何等扭曲！

当然，语言之间的不可等同性，东西方文化之间的差异性，文化之间的冲突却是不可避免的，且文化形象的扭曲现象也是普遍存在的。民族文化的对外传播过程中，如何最大限度地减轻这种扭曲现象，是我国对外传播面临的重要议题。

（二）"嚼饭"—跨文化接触与传播

公元五世纪的鸠摩罗什，是把佛经译为汉文的最大翻译家之一，他说，"翻译工作恰如嚼饭喂人。一个人若不能自己嚼饭，就只好吃别人嚼过的饭。不过经过这么一嚼，饭的滋味、香味肯定比原来乏味多了。"

翻译如"嚼饭"，在对外传播的过程中，如何保持好经过咀嚼加工的味道，是我国对外传播者首先要考虑的问题。

如同我们今日所见，西方的语言符号不是中国本土所拥有的，但经过加工之后的西方文化再传入中国之后，却对中国民众产生了很大的影响，并且得到了很大的认同。总结看来，西方文化进入中国，接触中国民众时如同与邻居在对话，或者是以讲故事的形式，慢慢地融入中国民众的文化生活。因此，如何使咀嚼后的中国民族文化也同样得到这种传播效果，主要还在于正确传播理念以及传播过程中元素的加工和应用。在传播过程中，我们需站在他者的角度，运用他者的符号，方能进入他者的世界。

二、视听翻译传播通道中的文化折扣

作为文化传播和文化贸易一种有效途径，视听翻译的地位日益凸显，中国文化对外传播不妨从视听翻译入手，但我国国产视听产品在海外传播时频频遭遇"文化折扣"。"文化折扣"（cultural discount），是指根植于某一国家或地区本土文化中的某种文化产品（如电影或电视节目）。在当地虽受到欢迎，但进入另一国家或地区后，由于该产品所呈现的风格、价值观、信仰、习俗及行为模式难以为该国或该地区受众所认可和接受，导致其吸引力下降，受众不认可、不接受该产品，最终导致该产品价值贬损和降低。西方普通民众至今对中国的了解仍有极大的误解和想象的成分，导致我国的文化产品在进入西方时遭遇的文化折扣非常大，这不仅影响我国的经济贸易，甚至影响我们的民族文化自信，因此对其进行深入的研究很有必要。

视听翻译和传统意义上的普通文本翻译不同，视听翻译通过视觉和听觉同时传递信息，而普通文本翻译却是通过视觉这一单一渠道传递信息。进行视听翻译时，需要考虑四个同时进行的传播通道：①言语声道（theverbal auditory channel），包括人物对白、背景话语等；②非言语声道（the non-verbal auditory chan-nel），包括背景音乐、自然声响及特殊音响效果；③言语视觉通道（the verbal visual channel），包括视听产品本身内嵌的字幕以及屏幕上各种文字标志；④非言语视觉通道（the non-verbal visual chan-nel），包括画面的构成及运动。

前两者通过声音，即听觉传递有声元素信息；后两者通过屏幕画面，即视觉传递视觉元素信息，视听翻译中的这些视觉和听觉信息对翻译起着或帮助或制约的作用。国内当前大量的视听翻译研究集中于字幕文化因素转换研究，音乐符号、手势语、造型、意象和图像符号等多模态符号对视听翻译的影响作用却鲜有涉及。鉴于此，本研究将从上述四个传播通道入手，分别分析其中的文化折扣问题，以期为我国视听产品海外传播与贸易提供借鉴和指导。

（一）言语声道中的文化折扣

言语声道，即通过声音渠道传播的言语信息，它包括人物对白、背景话语和听到的歌词。

第一，人物对白。

言语声道中的人物对白，指通过声音渠道传播的台词，如影视剧中的人物对白，大多采用配音翻译（dubbing）模式，有时也会采用译配解说（voice-o-ver）

模式，受时间、画面、文化、方言和演员等因素的制约。也就是说，翻译一句台词，要考虑到多种因素的综合影响，如要考虑说话时间长短、声音与画面是否一致等等。如果不能很好地克服这些困难，就容易造成声画不一致的现象，降低产品的可接受性，导致文化折扣的产生。

①受时间制约

言语声道中人物对白翻译受原声时间长短的影响，译声时长要与原声时长基本一致，不得超过原声的长度。在相同时间里，以同样的语速输出，不同语言所呈现的信息量不同。如果是配音翻译，还要求译声中的停顿与原声中的停顿点及停顿时长一样，这无疑给配音翻译带来了难度。而译配解说则要求以流利通顺的目的语译出原文，将停顿、口误、重复、语法错误的话语统统省略，这会造成译声比原声较早结束，让观众误以为译文失真，没有准确完整传达原文的旨意，从而容易造成文化折扣。

②受画面制约

和普通文本翻译不同，视听翻译，尤其是言语声道中的人物对白翻译还要受到屏幕画面的制约，如画面中人物的动作及表情，还有画面中物体出现的顺序都要和译声及其顺序相吻合。由于不同语言有着不同的语法结构、语序，有些语言间差异还很大，因此，在翻译时不仅要考虑目的语的语法、语序、表达习惯等，还要考虑到与画面上物体出现的顺序及人物动作表情相匹配，这无疑增加了译文的难度。在配音翻译中，尤其在说话者特写镜头里，还要求译文口型开合必须与原声耦合，即要考虑到译文用词的音节及长短音与原文音节相匹配。译制界常说的"对口型"，或曰"声画一致"，其实就是"对节奏"，即在译文与原文之间寻找节奏对应。但不同语言的"节奏"很难做到完全一致，从而使得译声的口型很难与画面说话人物的口型完全一致。

③受语言制约

影视语言具有简洁和通俗等特点。人物对白在句法上多使用短小精悍的简单句型，一般不使用非常复杂的层层包孕型的句型结构，用词也是较为常见的生活用语。因此，译文语言也要符合原语的特点，多用简单句型和简易明了的词汇，拉近与观众的距离。

一些原版视听产品常常会使用方言，甚至有时会选用不同的方言，这是为了更加生动地反映浓郁的生活气息，能让产品更接地气，更贴近老百姓的生活。富有浓郁地域色彩的声腔往往能"起到事半功倍、锦上添花的作用，产生意想不到的喜剧效果"。不过，在人物对白的配音翻译中，译声大多采用目的语国家的标准话语，原声中的方言特质因此被抹去，导致原声赋予视听产品特有的韵味大量丢失。

此外，人物对白中还时常会有一些幽默话语，尤其是文字类的幽默，例如押韵、文字拆分、双关等，属于依赖语言自身形式、结构、读音以及语义方面的变异而创造的幽默。这类幽默与原声的有声言语特性紧密相关，翻译难度极高，译声很难传达原声的笑点，目的语观众也很难体会。

④受文化制约

人物对白中有很多俚语、俗语、流行语、歇后语等短小精悍、意味深长且极富文化色彩的话语，给翻译带来了困难。语言作为文化的载体，承载了其所属民族特有的文化，还具有浓缩性，比如我国语言中的成语、俚语、谚语、文化专属词汇等，这些词汇大多是我国语言文化的浓缩体，体现了我国文化中的一些特质，不易被其他国家的观众所了解。言语通道中的人物对白翻译由于受时间和画面的限制，不能像普通文本那样任意加注解释。一方面，译文未能充分传递原文的文化信息，另一方面译文可能使目的语观众难以理解和接受，从而导致文化折扣的产生。

第二，背景话语。

背景话语类似于影视学中的画外音，它包括独白、旁白、解说、评论等。画外音可以丰富画面的内容和表现力，有利于剧中人物性格的塑造，也有利于观众更好地理解剧情。优秀的画外音可以让一个看起来剪辑混乱的视频的脉络变得清晰起来，能增添视频趣味。如果大量运用蒙太奇效果，画外音的这种作用会更为突出。背景话语的翻译一般采取译配解说模式，可以不必考虑口型开合一致，不过依然要遵循声画一致和口型长短一致的原则。

①受时间制约

在对背景话语进行翻译时，大多采取译配解说的模式，而译配解说受时间制约，因此不论在翻译独白、旁白、解说，还是在评论时，译声所持续的时间不应超过原声，译声与原声应重叠，故应该适当调整语速，以在规定的时间完整输出译文。

②受画面制约

在翻译视频中的背景话语时，也应遵守声画一致的原则。

③受语言制约

所有翻译均受原语和目的语两种语言本身差异的制约，除此之外，视听翻译还要受到方言的制约。由于目的语声音大多采用标准的目的语语音，这可能会导致目的语观众无法像原语观众那样体会到方言的韵味，尤其当这些方言里隐含着某些对剧情发展有重要作用的线索时，可能会影响目的语观众对剧情的理解和欣赏，降低译作产品的可接受性。

④受文化制约

视听翻译不仅是两种语言间的转换，更是两种文化间的交流与碰撞。通过言语声道传播的视听翻译中的背景话语，如旁白、独白、解说、评论，都会涉及一定的文化，都会受到不同文化的制约。而文化差异是导致文化折扣的主要原因，因此在翻译这些通过言语声道传播的背景话语时，一定要考虑到不同文化间的差异性，否则就会让目的语观众难以理解，甚至误解，从而造成文化折扣。

（二）非言语声道中的文化折扣

非言语声道传播的信息包括背景音乐、自然声响及特殊的音响效果，在视听产品的译版中，这些一般都会被原封不动地保留，以达到和原版视听产品同样的效果。

①背景音乐

背景音乐，也称伴乐或配乐，通常是指在影视剧中用于调节气氛和衬托背景的一种音乐。它通常插入于人物对话之中，能通过不同旋律的推动和音乐形式的传达增强情感的表现力，让观众如身临其境，从而更好地理解剧情。虽说音乐无国界，但因为各国文化存在差异，每个地域的音乐风格、所表达的内容和表达方式都有着自己的特点和规律，因此不同音乐也体现了不同的民族风情和文化特色。观众往往对自己本民族的音乐更为熟悉和亲切，也能更好地体会音乐传达的情感。背景音乐在跨民族对外传播时，由于受众来自不同民族，对异域民族文化不是很熟悉，很难像本民族观众那样获得同样的音乐体验，因此，视听产品中的背景音乐在对外传播时，可能会遭遇一定的文化折扣。

②特殊音响效果

特殊音效主要包括事先录制好的战争声音、恐怖声音、罐装笑声等等，是为了配合剧情而事先人为录制的音响，以达到一种较为逼真的视听效果。其中，罐装笑声（指在观众应该笑的片段插入事先录好的笑声）多应用于情景喜剧。情景喜剧的录制现场并不坐观众，而是用"罐装笑声"代替观众爆发的笑声，这样能控制现场的局面，便于后期制作。它作为情景喜剧的典型标识，在营造喜剧氛围方面非常有效，因为此起彼伏的笑声可以增强目的语观众的喜剧感受，有利于调节气氛、提醒笑点。但由于语言文化背景不同，情景喜剧中的笑点有时并不能为目的语观众所理解，因此罐装笑声时常会让不懂笑点的目的语观众感到茫然，在一定程度上导致文化折扣的产生。

（三）言语视觉通道中的文化折扣

言语视觉通道所传达的信息包括视听产品本身内嵌的字幕以及屏幕上各种文字标志，如字幕、信件、书刊名称、新闻标题、菜单、街道名称等。

第一，屏幕内嵌字幕。

屏幕内嵌字幕所造成的文化折扣就是字幕翻译所产生的文化折扣。字幕翻译属于受制约翻译（con-strained translation），它是受多方限制（时间、空间、语言、文化等）的跨语言、跨文化、跨时空、跨模式的一种信息传播、文字 / 话语及视觉转换，需要信息重塑、改译、合成和"对角线翻译"（diagonal trans-lation），以达到视听翻译作品的可视性、可听性和可看性的基本要求。

①受文本制约

字幕翻译是在两种不同模式下进行的语言转换，是从一种声音话语到另一种屏幕文字、从听觉到视觉的语言转换，这种模式的转换涉及各类文本加工问题。由于字幕翻译的对象是与画面相融合的有声语言，是融合了视觉与听觉多元符号的动态文本，涉及多符号性。换言之，由于文本本身的制约因素，使得言语视觉通道中的屏幕内嵌字幕对整个翻译起着一定的制约作用。

②受时间制约

考虑到字幕呈现时间跟字幕阅读时间应有一个合理的平衡关系，国际上通行的准则是一个画面字幕持续的时间最长不可超过 6 秒，最短不可少于 1 秒。如果字幕持续时间太短，观众还没有注意到就突然从屏幕上消失了，显然这样的效果不好。另外，字幕翻译得再完美，观众的阅读时间不够，也只能是一种失败。不过字幕停留的时间也不能过长，这样会导致观众不自觉将字幕重读一遍，影响阅读效率。因此，在进行字幕翻译时，务必要遵循"最长 6 秒，最短 1 秒"这一原则，否则会降低译制产品的质量，影响目的语观众的观影感受。

此外，字幕翻译还要考虑受众对象，如受众的年龄及教育水平等因素。成人和儿童的阅读速度有一定的差异，Georgakopoulou 指出成人阅读速度一般为 750 字符 / 分钟或 180 词 / 分钟，儿童阅读速度为 120 ～ 140 词 / 分钟。倘若翻译中不考虑不同年龄段受众的差异性，势必会影响目的语观众的观影感受，降低译作产品的可接受性。

③受空间制约

在字幕翻译中，考虑到观众的观看感受和理解速度，一般会将语际字幕翻译限制在两行内。每行的字数根据语种不同也有不同的规定，考虑到观众的易读性，应根据意群或短语分行。与普通文本完全不同，字幕翻译由于受空间限制，一般不增加注解。由于每屏字幕行数和字数都有限制，讲话速度比阅读速度快，因此在进行字幕翻译时，经常会对原文话语信息进行缩减，这样可能会妨碍目的语观众全面深入理解剧情。

此外，由于汉英文字的差别，汉语每个字占两个字符，而绝大多数英文单词远不止两个字符，且单词之间还有空格。因此，汉译英字幕时，大多数情况下，表达同一意思，英语字符所占空间要比汉语字符所占的空间大，这样会造成汉译英字幕内容或信息更大程度的缩减，无疑给汉译英的字幕翻译造成一定的信息损失，给国产视听产品外译带来一定程度的文化折扣。

④受声音制约

字幕翻译的出现基本保持和声音同步，但是没有配音翻译那么严格，字幕出现的时间宜比人物发声迟四分之一秒，其可以存在短暂的时滞，但时滞不应超过两秒，否则观众会感觉字幕和声音不够"同步"，从而怀疑字幕翻译质量。当对话内容较多时，可以把字幕出现的时间略提前于声音出现的时间，字幕的淡出略晚于声音。在单位时间内，通过听觉接受的信息量远比通过阅读文字接受的信息量要大得多。尤其当说话者语速很快时，很难做到说话者在说话时间内把所有的信息都通过字幕翻译的方式呈现出来，何况字幕翻译本身要受到空间和时间的制约，纵然能把所有的信息展现出来，观众的阅读速度也跟不上，所以要对原话语中的信息进行缩减。

⑤受画面制约

考虑到观众的阅读习惯，一般画面切换时，旧的字幕淡出；画面切换好后，新的字幕显出。如果画面切换后，字幕仍不淡出，观众很容易再将旧的字幕重读一遍，这会影响观众的观影体验。因此，在遵循"6秒原则""1秒原则"的同时，还要兼顾字幕出现的具体画面的停留时间，这给字幕翻译戴上了双重"镣铐"。

同时，字幕翻译还要和画面上物体出现的顺序及人物动作表情保持一致，由于不同语言有着不同的语法结构和语序，所以当一种语言翻译成另一语言时，语序常常会发生一系列的改变。字幕翻译和普通文本翻译不同，它还要考虑到与画面一致的问题，因此，在进行字幕翻译时语序要根据画面进行调整，否则目的语观众所看到的字幕和与之对应的画面不一致，会对该视听产品的印象大打折扣。

⑥受语言制约

和普通文本翻译一样，字幕翻译受两种不同语言本身固有差异性的制约，如不同语言的语义、语法、语用等等差异性给翻译带来了不同程度的困难。另外，字幕翻译呈对角线翻译，即由一种声音语言转换为另一种文字语言，无法译出原声语言所独具的特点，如方言口音、语气语调、语言重复、说话吞吞吐吐、口误等等。而这些特点对于人物形象的塑造以及剧情的发展起到了铺垫作用，但在字幕翻译中却不能一一展现出来。

⑦受文化制约

翻译涉及两种不同语言中两种不同文化之间的转换，没有一种语言不是根植于某种具体的文化之中，也没有一种文化不是以某种自然语言的结构为中心，如中国古代社会、执政党术语、改革开放特色词汇等，都构成复杂难解的历史文化背景，对必须简洁明了的字幕形成几乎不可译的挑战。因此，在对这些短小精悍却又富含文化蕴意的词汇进行字幕翻译时，难免会造成一定的文化折扣。

第二，屏幕文字标志。

屏幕文字标志指视听产品中屏幕画面中出现的文字，如屏幕中出现的路牌、商店、书刊的名字等。原文的屏幕文字标志有时可能具有某些特定的意义，对此本国观众较为熟悉，但国外观众却可能无法体会其中蕴含的意义。有些译制精良的视听产品，会将其路牌、商店、书刊的名字以字幕译文的形式呈现在屏幕上方或下方，方便目的语观众理解剧情。翻译中如果不站在目的语观众的立场去考虑这些屏幕文字标志上的细节问题，很容易使原本受欢迎的视听产品译制得很粗糙，导致其可接受性降低。

（四）非言语视觉通道中的文化折扣

非言语视觉通道所传递的信息指画面的构成及运动，包括画面中的人和物及视听产品的叙述手法。

第一，画面的构成。

屏幕画面一般由人和物所构成。尽管不同地区不同民族的人外貌长相各有不同，不同国家景物各异，如建筑物、动植物、户外风景、室内布置等，但这不会直接造成文化折扣。相反，这些具有异域风情的景物会给观众带来耳目一新的感觉，会吸引观众通过视听产品去了解异域民族或国家人们的生活状况。然而，屏幕中人物和景物中所蕴含的独特的文化元素（如人物的肢体语言、头饰服饰等），若不被目的语观众所理解的话，会导致译作的接受性降低。

①肢体语言

人的肢体语言十分丰富，包括眼神、姿势、手势等，可以表达各种思想感情。不同的文化有着不同的肢体语言，在视听翻译中，如果译者不懂得这些肢体语言的差异，很容易造成目的语观众对译文的文化误读，从而导致文化折扣。同一手势在不同的国家有着不同的含义，如跷起大拇指，在我国和英美国家表示"好""棒"，用来称赞对方干得不错；在澳大利亚、墨西哥、荷兰等国则表示"祈祷命运"；而在法国和印度，拦路搭车时可以使用这一手势。另外，相同的表情、动作或肢体语言在不同国家的含义也不尽相同。例如，在很多国家，点头是肯定，摇头是否定，但是在伊朗、保加利亚、希腊等一些国家，却是点头表示否定、摇头表示肯定。如果不了解原语和目的语国家人们肢体语言的差异，不在视听产品中屏幕的合适位置以字幕的方式对这些差异性加以解释的话，势必会造成观众理解上的障碍。

②服饰头饰

我国是一个多民族国家，不同的民族有着不同的服饰头饰，而且历史上不同朝代人们的服饰头饰也不同，这些具有民族特色的服饰头饰经常出现在视听产品中。对于了解民族文化的本国观众，他们通常可以通过服饰头饰来推断出穿戴者的社会地位、婚姻状况、宗教信仰等。但对于不熟悉该国民族服饰文化的国外观众而言，显然难以从穿戴者的服饰头饰上获得与其身份和背景相关的信息。

第二，画面的运动。

"画面的运动"指视听产品中的叙述内容和叙述方式，它呈现了整个剧情的发展。在这方面，国产视听产品外译时所产生的文化折扣一般体现在其叙述内容及叙述方式上。

①叙述内容

国产视听产品往往过于强调思想的高度，思想教化色彩较浓。另外，剧中人物角色性格和性质过于黑白分明——要么是十全十美的大英雄，要么是十恶不赦的大坏蛋，从而容易在观众认知层面产生生硬的教化主义色彩。而国外视听产品，尤其是美国视听产品将商业性和艺术性放在首位，他们首要考虑的是大多数观众的喜好，力图引起观众内心共鸣，或者强调视听产品的艺术价值，没有明显的教化和灌输色彩。此外，国产视听产品在情节和细节上的把握和国外有所不同。国产视听产品往往以曲折冗长的故事情节来展现其内容，而美国视听产品相对于情节更加注重细节。

　　②叙述方式

　　由于民族特色、文化背景、思维惯性等方面的差异，中西视听产品在叙述方式上表现出不同特色。而同样题材、同样内容的视听产品经不同剪辑，以不同的叙述方式展现出来，其效果也会有所不同。国产视听产品往往情节线索明朗清晰，故事的发展、戏剧化的冲突、高潮和结局随着情节本身的自由流动而推进，这使得国产视听产品往往不存在过多的理解障碍，但是叙述方式单一化，容易导致情节乏味、陈旧，在内涵表达上缺乏新颖和深刻性，让叙述显得苍白无力，缺乏厚重感，使国外观众觉得索然寡味。此外，国产视听产品往往侧重于宏大叙事，偏重于说教，对剧中正面人物过度"美化"，让观众感觉"遥不可及"，于是便"敬而远之"。而国外则擅于从普通小人物身上挖掘题材，让观众融入其中，觉得剧中人物既是英雄也是凡人，甚至觉得自己就是剧中的一员，且擅长用"蒙太奇"的叙述手法，将国家形象和价值诉求投射到具体真实的人物身上，调动观众的联想，引发其兴趣。如果将偏重于说教的国产片投放在欧美市场，很可能导致较大的文化折扣。因此，我国国产视听产品要"走出去"，需遵循"中国故事，国际表达"的理念，要将国内本土故事用国际化的叙述方式表达出来。我国不缺乏故事题材，关键是如何将这些故事以喜闻乐见的方式通过视听渠道讲出来。

　　视听翻译不同于传统意义上的普通文本翻译，它是一种集声音、图像、画面、色彩、音乐等于一体的视听文本翻译，这些多元素、多渠道、多模态的信息对翻译起着或帮助或制约的作用。本书从视听翻译的四个传播通道，即言语声道、非言语声道、言语视觉通道、非言语视觉通道出发，细致深入分析每一传播通道传递信息的制约因素，指出与普通文本翻译一样，视听翻译也会受到不同语言和不同文化的制约，但除此之外，视听翻译还受到时间制约、空间制约、声音制约、画面（如画面上人物口型开合、动作表情、物体顺序等）制约，配音演员、剧中人物肢体语言，以及叙述方式等的制约，这些制约因素其实就是造成文化折扣的因素。可见，视听翻译是一项系统工程，要做好它，就要考虑各方面的制约因素，尽量克服这些制约因素，以减少或规避文化折扣，促进我国文化对外贸易和对外传播，为我国文化"走出去"添砖加瓦。

第四节　避免文化信息传播失真的对策

在现代教育技术理念指导下，以知识理论结构为基础的翻译教学比以往更为丰富。除了要建构学生语言文字转换的技巧、两种语言结构的异同以及两国文化的知识外，尤其要培养学生获取信息以及处理信息的能力，培养学生翻译的积极心态，建构良好的翻译素养。译者广博的知识、驾驭语言的能力、非凡的创造力和意志力以及执着的奉献精神和强烈的使命感及责任感，是文化信息传播的关键要素。

一、建构译者的传播素养

现代信息社会，对翻译的要求应该是信息的传真。而译作的信息传真取决于译者所建构的知识素养和心理素养，这是文化信息传真的保证。在翻译教学中，应向学生阐明译者素养的重要性，使他们在现代教学中建构良好的素养。译者的知识素养和心理素养包括译者语言的功底、文化的理解力和译者自身的心态等多方面的因素。

（一）译者扎实的语言功底

我们在此谈论的都是英汉间的翻译，译者必须具有扎实的汉语和英语语言基础。翻译是一种语言活动，它要求译者熟练地掌握两种语言——这是翻译的根本前提，否则也就无法进行翻译。

译者翻译水准的高低，首先取决于他对原作的阅读理解能力和鉴赏能力。要提高英语的阅读理解能力，最基本的是要掌握足够的词汇，具有系统的语法知识，以确保理解在语法层面上不出错误，或少出错误。并要进行大量外语原著的阅读，不断丰富自己的语言知识，提高自己的语言感悟能力。将外来语译入汉语的译者，尤其应该下功夫提高自己的汉语表达能力。一个译者汉语水平的高低，是决定他译文质量的第二大要素。凡想在英译汉上有所作为的人必须大量阅读汉语原著，进行经常性的汉语写作训练，拥有熟练驾驭和自如运用汉语的能力。汉语属于汉藏语系，而英语属印欧语系，汉英两种语言在语法结构上存在着巨大的差异，译者应熟悉汉英两种语言在语音、词汇、句法、修辞和使用习惯上的种种差异，才能使用规范、通顺的汉语或英语，从而具备较好的英汉、汉英互译能力。

而文学翻译，是语言艺术，是最复杂、最深刻也是最难掌握的艺术门类。译者以语言文字为媒介，通过再现原作的艺术形象和意境，揭示、展现原作的语言，反映、预示原语文化的人文风貌和社会变革。读者通过译作的语言文字，体验、感受译作中传达的思想、情感和艺术内涵，从而得到异域文化的启迪和熏陶。因而，作为译者必须要了解文学的创造规律及其语言的艺术特征，挖掘出原作的艺术魅力，所以译者还应该是一个懂得语言艺术的传播者。

（二）译者文化素养的培养

翻译不是熟通一门外语，借助词典和工具书就能为之的事，缺少对原语文化地深入研究就难保证翻译的水平和质量。翻译要熟悉两种语言，悟出语言所具有的无比威力，还要透过语言所传达的信息，了解其背后的文化和精神，从而体会到中西文化的差异。翻译家尤金·奈达曾说过"对于真正成功的翻译而言，熟悉两种文化甚至比掌握两种语言更重要，因为词语只是在其作用的文化背景中才有意义 …… 实际上，文化之间的差异比语言结构上的差异给读者带来的复杂性更多"，这说明翻译要将中西文化结合起来，离开文化去翻译，不可能达到两种语言之间的真正交流。译者在两种文化中进行选择，作为这一过程的活动主体——译者的文化背景、文化倾向、文化能力无时不影响着整个翻译中的理解、抉择及信息传递，进而影响原语文化和译入语文化。

正如英国语言学家莱斯·约翰所说"特定社会的语言是这个社会文化的组成部分，每一种语言在词语上的差异都会反映在使用这种语言的社会事物、习俗以及各种活动中"。语言不仅是信息的载体，也是文化的载体。不同民族的不同生存环境，不同的认识世界的角度，往往形成各自独特的文化模式。人类对信息形式和内容的理解在一定程度上是依赖于本民族的文化模式。原文读者与原文作者一般具有共同的文化背景，因此原文读者能按作者所期望的那样，透过词汇的表面形式去理解原文的全部文化内涵，而译者根据自己的语言和文化背景来传达信息、表达感情，他所面对的则是难以理解甚至是更容易误解的文化材料，因此"翻译者必须是一个真正意义上的文化人"。

例如，中外闻名的敦煌壁画常被人们译成，这就是因为文化知识的缺乏所造成的。其实主要指文艺复兴时期意大利画家画的"湿壁画"，而敦煌壁画中并没有真正的湿壁画，而应译为 Dunhuang murals.

所以翻译传播活动维系着原作者、原作、译者、译本及其读者。对作者来说，译者也是读者，译者承担着对原作传播的责任和义务，他要到达的目的就要对作品理解得透彻、完整、深刻。译者的素养，不仅需要精通两种语言、两种文化，广泛地了解和掌握作者及作品所属时代的社会、历史、文化乃至风尚习俗等，而且需要对作者的生活观、艺术观、艺术特色和语言风格等进行尽可能深入细致的理解和研究，才能更好地传播文化信息。不论是传播者还是受传者都被各自的经验范围所包容，传授双方所共享的文化经验范围越多，信息交流也就越顺畅，反之亦然，翻译的传播同样如此。

因此，译者不仅应该精通原语和译入语这两种语言，而且应该通过各种现代信息渠道了解这两种语言所反映的文化，谙熟他们的差异，找到契合点，最大限度地缩小原作和译者之间的距离，只有这样译者才能准确地捕捉到原文中的文化信息，进行有效的传播。

（三）译者的"侵入"心态

按照建构主义学习理论，译者是信息加工的主体，是意义的主动建构者，而不是外部刺激的被动接受者和被灌输的对象。建构主义提倡在教师指导下的以学习者为中心的学习，激发学生学习的兴趣和动机。因此翻译教学中要以现代教育理念为指导，以学生为主体，在教师的引导下逐步培养对翻译的兴趣，引导他们积极主动地进行翻译练习，并在实践中不断体会和总结翻译技巧，学会自主学习，建构良好的心理素养。

教学中，要使学生懂得，译者除了必须具备驾驭两种语言的能力和文化素养外，若要透彻理解、领悟原文，还必须多方面对原文进行"侵入"，这种侵入也就是译者对译作的积极心态，它是让原作者所创作的文本复活的首要条件。傅雷抛开语言水平的问题，提出了理解与领悟原作的条件译事虽近舌人，要以艺术修养为根本无敏感之心灵，无热烈之同情，无适当之鉴赏能力，无相当之社会经验，无充分之常识即所谓杂学，势难彻底理解原作，即或理解，亦未必能深切领悟"。译者要在基于"信任"基础上，"侵入"作品，积极的捕捉原文的意义。

在阅读时，译者任何一点分心，疲乏愚笨，漫不经心，文本的符号就会远离而去，符号所表达的各种意义就会深藏不露。唯有全身心的投入，像傅雷所说的那样投入自己的心灵和热情，调动自己的所知和社会经验，才有可能从文本的字句入手，进而透过字句，在字里行间获得一个综合形式主题、题材或者意义，才能像傅雷所要求的那样将原作连同思想、感情、气氛、情调等等化为我有。译者的敏感之心灵，热烈之同情，适当之鉴赏能力，相当之社会经验，充分之常识，是做好翻译的一个前提条件。

二、译者处理文化信息的技巧

翻译是复杂的活动，要真正做到译文和原语文化信息的不丢失，译者必须从具体情况出发，选择最合适的翻译技巧来处理原文信息。一个好的译者应在忠于原文作者和忠于译语读者之间找到最佳的平衡点。

（一）文化背景的处理

在向读者传递原文文化信息时，一方面要保证信息足量，充分利用读者已有的信息容量，另一方面又要考虑译文读者信息通道容量的狭窄性，防止信息传输过载。不给出社会背景知识会影响翻译效果，然而社会背景知识是无限的，译者的职责是向读者准确地传达原文的信息，而没有义务给受者对象补上背景知识课，所以社会背景知识的添加要适当，并且译者传播的背景知识应与读者的信息通道相符。

原文作者在创作时，不会特别关照众所周知的社会背景。如果译者也不顾忌这些，直接将原文译成目的语，或按译者自己所理解的意思来翻译，就会出现文化短路现象，引起误解。例如，霍克斯在译《红楼梦》时，他把"怡红公子"译成了"Green Boy"，而将"怡红院"译成了"Green Delights"，就是忽视了中西文化背景的不同。中国文化里的"红"是和"吉祥、喜庆"连在一起的，中国传统建筑和装饰中红色的运用，就是典型的例证。而在西方人看来，红色总是和殉难、流血有关，因此霍克斯将其译成"Green Boy"，但造成了文化信息传播的失真，没有起到真实传播文化的目的。在这种情形下，应向国外读者介绍背景知识，使他们更好地了解中国文化传统。

因此译文背景的介绍要完整地反映原文的意义，既不能省略重要内容，又不增加原文所没有的东西或可以明确暗含在原文里的意思。有时原文的背景因素表现得非常含蓄，译者也应尽量像原文那样含蓄，在译入语中同样保持原文所具有的不确定因素，留有读者想象的空间，达到与原文的一致性。译者既要忠实于原文，又不可深入地挖掘译者暗含的意图。译文文化背景的处理得适当，不能脱离原文，还得符合读者接受的信息通道。有时要用译文的含蓄来处理原文的含蓄，而有时则需用译文的张扬来处理原文的简约，这就要看译者的经验了。

（二）文化意象的处理

译者将异域文化的话语中所包含的观念引入本土文化时，必然会对来自异域文化的价值观做出自己的价值判断，然后决定其翻译策略的选择，一般采用异化、归化或其他策略手段。归化"是采取民族中心主义的态度，使外语文本符合译入语的文化价值观，把原作者带入译入语文化"；而异化则是"对这些文化价值观的一种偏见主义的压力，接受外语文本的语言及文化差异，把读者带入外国情景"。

在翻译富有文化色彩的词语时，如果采用"归化"，用过分民族化的词语去翻译国外相应的文化意象，其结果译文是民族化了，却把原语民族的文化"化"掉了，"吞并"了原语文化，甚至给译语读者造成了文化错觉，不利于文化信息的传真，会使读者产生错误的联想。

而采用异化的翻译原则，是使译语文化"屈从"于原语文化。向译语读者介绍原语文化及原语文化的特征，传达原语文化的异国风味，能极大地丰富本民族的语言。正是通过英汉翻译中的异化，汉语吸收了为数众多的形象生动的英语表达用语。例如，"鳄鱼的眼泪"而非"假惺惺的眼泪"，"伸出橄榄枝"而非"表示和平"，都是异化翻译所起的作用。在现代信息畅通的今天，异化翻译是很好介绍、了解异域文化的手段。汉语的表达语，甚至句式结构都因异化翻译而变得更为丰富，而一定程度的欧化句式也使汉语变得更为严谨、填密。异化翻译对各民族间的文化交流有着巨大的推动作用，对丰富各民族语言有着不可忽视的影响。

但在翻译文化信息特别浓厚的词语时，由于两种语言间文化的巨大鸿沟，仅靠异化法可能不容易让读者理解其意，若用归化法，则会误导读者。这时可尝试在异化的基础上用注释的方法来处理。例如，陕西省旅游局编的旅游景点介绍《西安》上，有一帧照片的说明"华清池龙吟榭"，译者处理为：

Long Yin Xie（a pavilion built specially for emperors to recite poetry）in Hua Qing Pool. 通过注释，读者可以立即了解其出处及由来。

再如：Two heads are better than one.

译文：

①人多智广。

②三个臭皮匠，赛过诸葛亮。

③一人不及两人智。

译文①简洁达意，但丢失了原文的文化内涵；译文②再现了原文意义，且形象生动，但"诸葛亮"一词过度归化，容易产生错误的概念；译文③用加释的方法则同时满足了达意、顺畅及文化内涵的传达等几方面的要求，因此从传播文化的角度来说，该译文比前两种更胜一筹。

译作文化信息的传真与否，在于传播者技巧的选择。通过选择，在接近原作和读者之间找到一个融会点，接近原作者时，不能离读者太远，反之亦然。原语与目的语文化习惯上的差异给读者带来的阅读障碍，经过一段时间后会被读者克服，从而使读者对异域文化逐渐进入较高层次的审美阶段。并且从读者的认知心理来看，真正的读者不会满足于对现有作品信息地被动输入，而是会主动地通过已建构的知识信息对译文进行创造性的阅读。他们不会满足于程式化的陈词滥调，或与自己视域完全吻合的东西，而是要寻找与自己不同的、相矛盾的或从未接触过的东西，这种能动的阅读最终导致那些异化的内容逐渐为人们所理解、接受和欣赏，并且逐渐融合到目的语文化中，成为其中的一部分。

随着民族文化传播的日益频繁，读者接触的外来文化日益增多，已经有能力也有兴趣接受带有外来文化印记的各种文化，译者不必越俎代庖，费力地把面包改做成馒头塞给读者。

三、译者的信息处理能力

现代教育技术的运用，使人们能快速地获取信息资源。培养学生信息资源的处理能力则是现代教育所要求的基本素养，其内涵表现为信息资源的采集、加工和发布能力。译者信息的处理能力就包括信息的获取能力和对已有信息的创新能力，即对翻译创造性叛逆地把握。

（一）译者获取信息的能力

任何人进行翻译，都存在着语言文化知识不足的问题。无论翻译什么体裁的文章，接触的内容可能十分庞杂，无所不包，这就要求译者掌握广博的知识。但在"知识爆炸"的今天，即使在同一个领域，译者也不可能样样精通，译者得通过多方面的渠道去获取信息。信息的来源可从工具书及网上获得，如时间充裕，就可查阅各方面的工具书。教师要引导学生正确地使用工具书，并培养学生善于查阅辞书的能力。但在当今的信息时代，任何事情都要求高速、高效，翻译也自然如此，这就要求译者要准确、快速地收集、获取信息资源。

现代信息社会的特点就是信息资源丰富。信息的储存、获取、处理方便快捷，自主共享，彼此交互。对现代的译者来说，不是没有信息资源的问题，而是怎样去利用资源，尤其是有效地利用现代技术获取信息资源。网络时代为译者提供了极大的方便。通过网络，可以收集到各方面的信息，既节省了时间，又有了无限的资料库。所以在现代翻译教学中应培养学生如何利用网络，使自己快捷地获取所需要的资料信息的能力，并充分利用多媒体、网络等现代教育技术促进翻译教学。因特网上有丰富的学习资源，很多网站都提供翻译技巧方面的指导和丰富多彩的翻译实例，如《译者》网络杂志：http：www..cn-trans.com/；尧舜翻译网：http：//yaoshun.com.hk/；翻译员—北京专家翻译网：http：//www.chinatranslation.net；大连翻译学院：http：//www.dltcedu.org／等。教师可以引导学生课外自行浏览，进行翻译练习，还可以把学生对同一篇翻译材料的译作公布到网上，供学生之间相互学习借鉴。让学生学会学习，自主获取翻译学习的能力。

（二）建构译者的创造性能力

"物之不齐，物之情也"，文化差异是始终存在的。所以将一种文化体系传播到另一种文化体系中去，文化信息的传真不可能绝对到位，会有遗失，也会有变异，译者要利用自己所构建的知识对翻译进行重新建构，其分寸的把握就在于译者创造性地处理能力。

译者和原文作者都创造文本，但他们的地位完全不同，原语作者有充分的自由说他想要说的话，而译者"二度编码"所创造的文本要受一系列因素的制约。一方面译者有自己的意图，另一方面，译者要施展个人的创造力，译者在翻译时往往会重新修饰和区分原文，并且不失时机地改进原文，必要时对原文中没有明说的逻辑关系还要在译文中做出合乎逻辑的解释，在译语环境里找到能调动和激发产生与原作相同或相似联想的语言手段。这就要求译者深刻体会原作者的艺术创造过程，把握原作的精神，并运用所建构的信息知识和信息处理能力，在自己的体验中找到最合适的印证，展现原作的内容与形式。译者既要发挥创造性，又要忠实于原作的意图，这就得通过多方面的知识及信息资源的综合，来构建译者的艺术创造性能力。许钧指出翻译有一个度的问题，再创造总要有个依据，要有个分寸。

翻译需要译者的创造性，它是信息传真得以实现的手段和条件。钱钟书在《林纾的翻译》中说"从一种文字出发，积寸累尺地越过那许多距离，安稳到达另一种文字里，这是很艰辛的历程。一路上颠顿风尘，遭遇风险，不免有所遗失或受些损伤。因此，译文总有失真和走样的地方，在意义或口吻上违背或不尽贴切原文。那就是'讹'，西洋谚语所谓'翻译者即反逆者'"。他从传真的角度看待翻译的"讹"——失真、走样、违背或不贴近原文，"反逆"是不得已而为之，而想"安稳到达"就离不开创造。保真是为了传真，没有传真，保真就失去了意义，也保不了真，而传真就是为原作的"投胎转世"，所以，翻译的传真和创造性是相互依存、相互包含的。

而翻译信息的传播必须以信息传真为存在的基础。信息传真是创造性的前提，即朱光潜所说的"从心所欲，不逾矩"，它是翻译的根本特性。离开了传真的目的，翻译活动就根本不存在，也就不会有创造性活动。翻译创造性能力的建构不同于其他能力的建构，它必须在信息传真的情况下进行。

四、现代教育视野下的翻译教学

翻译作为一种"后起的生命"，关键在于译者能否真正赋予它生命，而"忠实"并不能保证这一点，相反，太"忠实"却会扼杀其生命。因为紧扣原文所谓的"忠实"有时实际上是"懒汉、懦夫或笨伯的忠实"。在构建翻译对象的话语过程中，他所构建的话语通常充斥着民族偏见、政治偏见和意识形态上的歪曲，作者要调动各方面的认知知识，把社会心理、政治心理以及民族心理等综合在内。

译者的经验范围千差万别，即使他们能够完全有原语文本作者相同的文化体验与感受，但他们自身的爱好、情感体验等都不同。作者和译者在语言文化以及社会认知等方面的差异，以及原语和译语的历史环境与文化语境的差异，使译入语与原语之间存在着距离，翻译时产生意义偏离就不可避免。译者若一味地去消除距离，似不可取而且徒劳。或一味追求"信"，结果只能是欲"信"则不达。

传统翻译教学教授的是纯语言上面的文字转换，其观念是把"忠实"实质"原文至上"作为翻译的首要标准，跳不出以"原文译文"的框架来考虑翻译的思维模式，这种"忠实综合征"其实只不过是一个乌托邦的想象，一个理论神话，经不起翻译实践的考验。而现代教育理念下的翻译教学，将翻译置于整个教育传播的大框架中，吸取了其他学科的精髓，要求学生在掌握知识结构的过程中注意培养翻译的文化传播能力，建构自身理想的翻译素质。

而且现代教育技术将多媒体和网络技术应用于教育领域，大大缩短了时空的距离，使各种形式的教育得以实现，完备了教学内容、手段的转变。从翻译教学的角度看，现代社会所必需的信息已远远超出了个人所能掌握的知识限度，传统的教学观念和教育框架无法适应知识爆炸的冲击。在知识爆炸的时代，翻译教学的重要作用不是去给学生灌输大量的现成知识，而是向他们揭示知识的结构，建构知识的框架，培养在翻译中的信息处理和创造性处理能力以及文化信息的传播能力，并使他们理解信息及传播对当今社会与人类的影响，认识到信息资源的重要性和译者所担负的时代责任。

在现代翻译教学中，要向学生强调对于以语言转换及文化信息传播为基础的翻译来说，文化信息的传真是其重要的主题。要让学生掌握扎实的语言基础、提高自身的文化素养、掌握处理文化信息的技巧和获取信息的能力，为今后的翻译传播打下坚实的基础。翻译是"文化传递"，基于文化与语言的特点，翻译就是要尽可能多地进行文化信息的传递，文化传真虽是一种理想的境界，或是说，终极的目标。但在现代信息化的社会里，语言翻译的本质应该是在忠实于原作的基础上，进行得文化信息传播。

第五节　文化传播失真应对策略的实践——以影视翻译为例

一、跨文化传播的内涵及其对影视翻译的启示

跨文化传播学作为一门学科，其建立的标志是美国文化人类学家爱德华·霍尔经典著作《无声的语言》的出版，在书中他用大量的篇幅探讨非语言传播问题，提出了"文化即传播，传播即文化"的观点。他认为文化是人类的媒体，人类生活中没有任何一个方面不涉及文化或者被文化改变。这包括性格、思维方式、行为方式、处事方式、城市规划布局、交通系统统筹以及经济和政府部门运作。学界普遍认同跨文化是越过体系界限来经历文化归属性的人与人之间的关系，也就是说，跨文化是来自不同文化背景的人所参与和开展的交流。在跨文化交流中参与者不只依赖自己的语言代码、习惯、观念和行为方式，同时也经历和了解对方的语言代码、习惯、观念和行为方式的所有关系。跨文化传播是伴随着人类成长进步的历史文化现象，是现代人的生活方式，更是文化发展的内在动力。[①]

翻译是一种语际交流活动，交流过程不是简单的纯语言形式之间的对等转换，而是把一种文化中的语言代码转换成另一种文化中的对应语言代码，是跨文化传播的活性转换器。翻译就是文化内部与文化之间的交流。影视翻译就是通过

---

① 尚亚宁. 跨文化传播视野下影视翻译对译者的要求 [J]. 电影文学，2011（15）：152-153.

媒体传播的方式所进行的跨文化交流活动，译者在此过程中发挥着不容忽视的作用。他们打破了语言的隔膜和障碍，让本国受众通过影视作品更好地实现跨文化交流。影视翻译的重要性正是源于现实生活中人们外文水平不高与期望接受大量优秀外国影视作品之间的矛盾。目前，很多国内受众由于外语能力欠缺，不借助字幕翻译无法看懂国外的精彩影视作品，因此也就丧失了了解国外文化的机会。从认知语言学的角度讲，母语超越了任何一种外语对人类思维的影响，因此好的译制作品不仅有助于观众准确理解原作，满足情感需求，还能使人们在欣赏影视作品的过程中顺利实现不同文化之间的交流，获得新的思想资源。而要实现影视作品的真正价值，就必须有一个既懂两种语言又熟知两种文化的影视译者架起这座桥梁。在影视翻译中，译者是精通两种文化的交流使者，通过发挥主观能动性，使一种文化的含义在另一种文化的语境和接收空间中完美再现，在文化交流的层面实现意义对等。他们为人类拆除语言文字壁垒，促进不同社会、不同地域和不同文化背景的国家和民族之间沟通和交流。因此，译者在影视翻译中担当着关键角色。

二、影视翻译中译者应具备的素质分析

与所有翻译一样，如何正确理解和表达是影视翻译中存在的主要问题。对原作进行翻译之前，译者必须对影视作品产生的语言文化背景及其内容了解透彻，这样才能准确掌握原作的中心思想，进而在此基础上选择恰当的目的语来表达原作的含义，使译作与原作内容尽量对等，这些是对影视翻译最起码的要求。翻译活动中要想生产出更好的译作精品，笔者认为，作为优秀的影视翻译工作者还应该具备以下素养。

（一）具有较强的影视鉴赏能力

审美是人类独有的一种高级而复杂的活动，包含了复杂的感觉、心理、思维和情感等一系列多样化的精神活动。影视翻译不仅仅包含着语言文字的翻译和阐释，还包含着艺术和审美价值的再创造。译者在开始翻译之前要做足功课，那就是要通过观看鉴赏影视作品或剧本来了解作品内容。但译者不同于普通的受众，他们是服务于受众的特殊受众群体，要通过"看"来"感知、理解、调动情感，触发联想，进入一种再创作的境界"，即审美鉴赏。影视的审美鉴赏包括对影视的民族性、时代性和社会性等文化特征的审美鉴赏和对影视艺术构成手段、艺术风格等方面的审美鉴赏，以求进一步从看到的东西中解读更丰富的内涵，破译更

深刻的艺术价值和社会价值。事实上，影视鉴赏的目的不只在于欣赏评价，更重要的是对影视作品深层含义和内在价值的认同和理解，而这种认同和理解是译者能否完美再现原作的艺术效果、契合受众的审美情趣、融合目的语的文化特点、取得最佳观赏效果的必要前提。

（二）具备良好的跨文化理解能力

影视翻译本身就是一种跨文化活动，中西方文化的差异必然会给译者带来极大的挑战。中西文化差异主要体现在思维模式、表达方式和文化背景等方面。在思维与表达方式上，汉语是一种意合的语言，它的句法关系主要依靠词序或语义来表现；西方语言注重形合，其句子结构严谨、逻辑性强。翻译家傅雷认为，东方人和西方人的思想方式有基本分歧，东方人重综合、重归纳、重暗示、重含蓄；西方人重分析，细微曲折，挖掘唯恐不尽、描写唯恐不周。语言是文化的载体，任何一种语言都具有其特定的文化内涵并承载着某种文化深深的烙印，任何一个民族的文化都是历史的积淀，都反映着该民族的劳动创造、艺术成就、价值取向和生活习俗。而这些长久以来形成的文化习惯影响着语言的传播，对于不同文化环境中的受众而言，由于缺乏背景知识而不能准确理解具有特定文化信息的词语是很常见的。基于这些原因，影视翻译要求译者充分考虑两种语言体系和文化背景的差异，合理处置译作与原作间的关系。

（三）具有深厚的文学功底

影视翻译是文学翻译的组成部分，文学翻译要求译者对源语和目的语都必须有相当深厚的文学功底。因此影视翻译也需要译者有文学家的灵感和艺术家的匠心。影视翻译工作者只有具备这样的能力，才能在准确感受原语文化的基础上，恰如其分地将其在目的语文化中展现出来并易为受众接受，使译作真正达到见之于文、形之于声、达之于受众的最佳效果。

（四）具有严谨的翻译态度

翻译本身是一项非常严肃的工作。影视作品看似有娱乐化的色彩，但是影视翻译依然要保持其严肃性，翻译过程中译者应本着对影视艺术和广大受众负责的态度去工作，而不应该只是为了机械地完成任务和单纯地追求物质利益而胡译、乱译。影视翻译中译者要注重把握好使用语言的"度"，即翻译时既不能故作高雅，也不能哗众取宠，而要尊重事实并以实事求是的态度将原作内容用目的语表达得准确生动、恰如其分、与影视语言可听性、综合性、瞬时性和通俗性等特点相吻合。

三、译者在影视翻译中应遵循的原则

（一）主体性原则

与普通翻译不同，影视翻译承载着不同语言文化之间传播的责任和义务，因此要特别强调译者的主体性原则。在全球化语境下，译者要做精通中西文化的跨文化传播者，也要做合格的"把关人"。译者要具备国际化视野，摒弃过重的本土情结，用现代化、全球化的视界来观照中国的本土文化或中西文化的差异，稔熟地把握中西文化和中西审美差异。我们要完成中国影视"走出去"、外国影视"引进来"的战略任务，从某种程度上讲就是依赖译者主体的才华和能力。影视译者要以高度的主人翁意识和负责任的态度对待自己的工作，真正发挥主观能动性，为影视事业持续健康发展做出积极的努力。

（二）忠实性原则

任何一种文化都具有其自身的特质，影视翻译要严格遵循忠实原作的原则，尽可能惟妙惟肖地反映源语文化和作品特征。译者要了解中西文化，把两种不同文化背景和生态下产生的语言融会贯通，才能做到既忠实原文又让译作"活"起来。语言学家拉多曾在《语言教学：科学的方法》中指出，语言是文化的一部分，因此，不懂文化的模式和准则，就不可能真正学到语言。事实上，文化背景和影视翻译有着相同的目的和功用，那就是充分利用语言文字符号传达思想、交流感情。因此，在影视翻译中应坚持把文化背景寓于影视翻译之中，而不能孤立于语言之外，使受众深切体会和准确理解影视作品的内涵，从而提高受众跨文化欣赏影视作品的能力。

（三）通俗化原则

外界环境在不断变化，人们的审美取向更加趋于个性化、多样化。众所周知，异质文化之间的交流与传播是文化发展的动力。影视作品受众的审美情趣既受社会、阶层和民族等共同观念以及人类的普遍感情的深刻影响，又带有极其鲜明的个性化色彩。影视翻译工作者要照顾到各个方面的因素，就需要遵循通俗化原则。但是，通俗绝对不是低俗或者平庸，它是以一种目的语人群更容易接受的方式来阐释影视作品内在和外在的美，是以民族的语言展示民族特色，使"民族的"最终成为"世界的"。大众化的语言其实蕴含着更大的语言张力和更为丰富的表现力。全球化语境中影视翻译工作者坚持通俗化原则，就是要以朴素的语言反映普通抑或深邃的思想，表达简单抑或复杂的情感。

（四）灵活性原则

随着时代的进步，"全球化"不再只是世界政治经济的专属，文化多元化、全球化趋势越来越明显，进行跨文化传播成为顺应全球化发展的必然举措。任何事物都具有两面性，文化也一样，不同民族的文化都是既有精华又有糟粕，译者要发挥自己的功能去粗存精、去伪存真，只有坚持优势互补、兼收并蓄、灵活处置，才能真正做到使源语和目的语之间相互借鉴和交融。影视翻译不能只一味追求语言等值转换，要实现两种文化之间的深层次的转换。因此译者作为文化交流使者，可以发挥主观能动性促进文化交流层面的意义对等。影视作品作为文化传播的重要载体，对跨文化交流同样有着重要的影响，影视翻译工作者在面对一些敏感性、隐私性、差异性的话题时，应该在尊重源语文化的基础上灵活对待，进而推动不同的文化之间取长补短、求同存异，缩小影视作品折射出的文化差距。

跨文化交流和实现文化全球化是时代和历史发展的必然趋势，影视作为一种大众传播途径在其中发挥着重要的媒介桥梁作用。为了顺应这种文化全球化的走向，通过影视作品成功实现文化传播和交流，就必须充分考虑到目前受众实际外语水平不足的因素，深入思考如何让更多的人更加容易地享受来自不同地域和文化领域的影视作品。影视翻译承担着让观众享受视觉盛宴和满足精神文化需求的任务，承载着开展跨文化交流的使命，这必然对广大的影视翻译工作者提出更高的标准和更严格的要求。影视译者只有具备精湛的翻译能力、良好的文化素养和应有的专业资格，才能真正实现影视作品的价值，达到跨文化传播和交流的目的。

第四章　文化传播中翻译关键属性分析

第一节　基于传播要素分析的翻译选材原则

一、翻译选材与中国文化走出去

自十七届六中全会提出文化"走出去"战略以来，与中国文化对外传播翻译相关的研究就引起了学术界的关注。相关研究表明，那种以为只要把中国文化典籍或中国文学作品翻译成外文，中国文学和文化就自然而然地"走出去"了的观点，显然是把问题简单化了。新中国成立后几次大型的对外文化文学译介活动，如20世纪50年代《中国文学》英文版与法文版的创刊与发行、80年代的"熊猫"系列译丛及世纪之交的"大中华文库"（汉英对照）工程，毫无疑问都对中国文化"走出去"发挥了不可替代的重要作用，然而并没有实现预期的目标。原因之一是翻译选材的"政治驱动"与"受主流意识形态的操控"，使译作在目标语社会受到抵制。同时，"唯典籍""唯文学"与"唯精品"翻译选材标准也使译作受众的层次单一接受面窄，而影响了译作的传播。这些说明中国文化文学外译翻译选材的思路存在着一定的问题。在中国知网以"文化走出去"（或"文化对外传播"）与"翻译"（或"翻译选材"）为主题搜索得到的200余条文献中，绝大多数相关研究以某一作品（如《红楼梦》）、某一文化要素（如中国武术）或某一作者（如莫言）作品的翻译策略或传播接受为研究对象，缺少对文学文化外译选材系统的、宏观的研究。此外，虽然有些文献对翻译选材或翻译文本选择有所讨论，但都是译入角度的研究，而不是从译出的角度对中国文化"走出去"翻译选材的研究。①

翻译选材一般指梁启超所言的"择当译之本"。本文中，翻译选材是指为实

---

① 岳启业.中国文化"走出去"：基于传播要素分析的翻译选材原则[J].湖北经济学院学报（人文社会科学版），2021，18（01）：111-114.

现中国文化"走出去"选择适当的翻译材料，实质是对中国文化对外传播内容的选择。任何传播活动离开了传播内容，将无从谈起。因此，翻译选材对于中国文化"走出去"意义重大。本文中翻译选材这一概念的使用有两种含义，既指翻译材料的选择活动，也指翻译材料选择的结果。中国文化"走出去"的本质是中国文化的对外传播。传播学作为研究人类一切传播行为、传播规律以及传播与人和社会的关系科学，对于文化"走出去"翻译选材具有不可替代的阐释力。任何传播过程都涉及七个基本要素：who（谁）、sayswhat（说了什么）、inwhichchannel（通过什么渠道）、towhom（向谁）、withwhateffect（有什么效果）、where（情境）和why（动机）。这七个要素是传播链上缺一不可的环节，它们"相互制约、相互影响和相互作用"，促成传播活动的完成。因而，文化对外传播的翻译选材不应该再像过去那样，即只从文化内容本身及传播者"自我"的角度出发，而是要与传播的其他要素相关联；翻译选材研究也只有建立在传播内容（文化信息）、传播受众（文化受众）、传播渠道与媒介、传播环境、传播者（选材者）及传播效果和传播的目（中国文化"走出去"）这七个传播要素相关联的基础上，才能做到研究的系统性与科学性。

二、传播内容与翻译选材：文化信息传播的整体性及其特质彰显

从传播学的角度看，中国文化"走出去"的传播内容是文化信息，体现为翻译选材中的文化内容。广义的文化内容是人类社会历史过程中所创造的物质财富和精神财富的总和，这样的定义让文化"走出去"的翻译选材无从下手。然而，文化包含三个基本要素，即物质文化、制度文化和精神文化。这为确定文化"走出去"翻译选材的内容提供了基本框架。翻译选材只要在这个框架内所包含的文化内容在系统上保持一定的整体性，同时，还保留了中国文化的特质，便能充分代表中国文化的概貌。

（一）文化基本要素传播的整体性与协调性

文化作品的对外译介与传播是一个长期而复杂的过程，我们需要不断拓展交流途径，系统地向国外介绍中国文化。系统地向国外介绍中国文化就是要把文化的三个要素作为一个整体对外传播，通过它们之间的相互协调才能形成文化传播的氛围，强化文化传播的效果。文化流动基本按照物质、制度、思想的顺序进行。

在传播过程中，文化的三个要素属于不同层次的文化：物质文化满足了人的衣食住行最基本的需求，制度文化服务于社会与政治的需要，"精神文化满足人的理智、情感和意志，最难传播接受"。如果传播受众没有对物质文化的了解，对于制度文化与精神文化的了解也只能是无本之木。因此，从文化信息传播的整体性角度来看，翻译选材中不仅要有体现精神文化内容的文化典籍与文学作品，还要有体现生活与生产（物质文化）的非文学作品。新中国成立后几次大规模的中国文化对外译介活动没有取得理想的接受效果，其中的一个原因便是缺少了体现物质文化的翻译选材。

（二）中华文化的地缘整体性与核心价值观

中国是一个历史悠久、幅员辽阔的多民族统一国家。祖国大陆多民族共存，香港、澳门、台湾与大陆隔海相望，共同构成了中国文化的大家庭。从这个意义上讲，中国文化的准确表述方式应该是中华文化，由中国大陆、两岸三地以及海外的华人所共同拥有。因此，中国文化"走出去"的翻译选材应该是立足于国家版图，容纳中华多民族的文化，以全世界为材料选择的视域。

香港和澳门与大陆在文化上同宗同源，但由于历史及地理上的原因，除各具特色鲜明的文化特征外，还具有一个共同的特征，即中西合璧的混合文化。因此，香港与澳门文化文学材料也应该是中国文化"走出去"翻译选材内容中必不可少的组成部分。在以往的文化文学译介活动中，主要以汉民族文化文学的作品为主，少数民族文化文学的材料较少。少数民族典籍本身蕴含的特殊价值，对加强民族文化了解和中外文化交流具有重大意义。少数民族文化文学既是中华文化不可缺少的一个有机组成部分，也是中国乃至全世界文化多样性的体现。因此，少数民族文化文学材料是中华文化国际传播不可缺少的内容。华裔离散作家身处的海外社会环境影响了其作品的内容和思想，使他们的创作可以超越政治与时空的限制，在更侧重于文化内涵的同时，也更容易被当地受众所接受，对于中国文化对外传播而言能够发挥国内文化文学作品所不能的作用。他们直接用外语书写中国故事或翻译中国的文化文学作品，是一种广义上的翻译——自我翻译，其本质是在异域文化社会传播中国文化。因此，他们的作品在中国文化"走出去"翻译选材过程中具有特殊的作用。

中华文化具有传统的核心价值观，即儒家、道家与佛家共同形成的中国传统文化所体现的核心价值观，是中国文化区别于世界上任何其他文化的本质特征。中国文化"走出去"的翻译材料无论以何种标准或原则选择都需要突出中国传统的核心价值观、古典哲学思想及基本精神的对外介绍。离开了这些，中国文化便丧失了特质，失去了对外传播的意义。

（三）文化信息接收的共时差异性与历时整体性

由于文化的差异程度、历史及地理位置等因素影响，中国文化在全球不同区域传播的内容和接受是不同的。因此，针对世界上不同的地区，翻译选材的文化内容选择应该是不同的。临近中国的亚太地区，与中国在文化、政治、经济等方面的交流与合作比较频繁密切，文化传统相似，受众对中国文化更为了解，对于中国文化的接受相对容易一些，因此，在文化内容选择上应注意提高层次和内涵深度。而西方国家由于相距遥远，与中国文化有着明显的差异，且交流不够频繁，整体上对中国文化，尤其是传统文化了解较少，甚至存在较深的偏见，传播受众对于中国文化相对陌生，接受比较困难，因此，文化内容的选择应该充分考虑其理解能力与接受能力。而对于某一特定的地区而言，翻译选材所包含的文化内容需要有历史的视角。虽然文化要素的传播具有整体性，但并不意味着在当下中国文化"走出去"翻译选材时对于这一地区需要完整地体现文化内容，而是在文化要素整体性的框架内，对这一特定地区内中国文化传播历史进行系统的总结，找到不足、缺失与空白，在翻译选材中加以调整补充，从而使这一区域内中国文化对外传播的内容保持一定的历时整体性。

三、传播受众与翻译选材：文化内容的层次性、大众化与接受能力

传者发出的信息，只有被受众所接受，传播过程才能真正完成。因此，中国文化"走出去"的翻译选材最重要的参照是目标语受众。社会经济等级中的个人或家庭的地位不仅仅是经济地位，而且也是一种文化的界限。从这个意义上说，中国文化的海外受众是以不同的文化阶层存在的，文化"走出去"翻译选材需要体现不同层次的文化内容，以满足不同文化层次受众的需求与接受能力。

（一）文化内容的层次性与大众化

受众对于信息的接受是有选择性的，体现在对信息的接触、理解和记忆上。这种选择性来源于其社会文化背景，一般包括年龄、性别、个性、兴趣、爱好、智力、经历、和预存立场等。从文化内容的层次出发，可以把中国文化受众划分为以下三个层次，作为翻译选材内容的参照：①文化研究受众，主要指学术界，

包括汉学家、翻译家、文化学者及学校从事汉语教育的师生等。这部分受众的数量极少，却可能是目标语社会文化输入的"把关人"，必须得到充分的重视。但是，针对这部分受众的选材主要是中国文化典籍，是中国文化的精髓所在，是文化"走出去"翻译选材的核心内容，《大中华文库》基本能够满足这部分受众的需求。②文学受众，即严肃文学（高雅文学）与大众文学（通俗文学）读者。对于严肃文学的受众而言，"熊猫丛书"的选材具有很好的针对性，尤其是丛书在不断更新现当代文学作品，然而这一层次的受众数量并不多。相反，大众文学的受众数量更大。针对这些大众文学读者可以选择古今中国爱情小说、武侠小说、中国的民俗文化作品与小说（尤其是少数民族文化文学作品）、网络文学作品。由于网络作品容易出版并且能及时获得读者的反馈，近年来读者数量迅速增长。因此，网络文学作品在翻译选材中应该占有较大的比例。③大众文化（通俗文化）受众。他们是文化社会中的普通人群，数量是巨大的。大众文化与生活与生存需求相关，益于通过大众媒介强化传播效果。一种文化要保持强大的生命力，必须得到大众的认同。因此，大众文化受众应该成为中国文化传播的主要受众。所以，文化"走出去"翻译选材还必须要包括大量的，具有商品性、娱乐性、普及性和流行性特征的大众文化材料，涉及中国的饮食、旅游、服装、建筑、体育、娱乐（包括舞蹈、音乐、影视作品等），以满足大众文化受众的需要，这样能够非常有效地扩大中国文化的接受范围，为受众接受高层次的文化内容奠定基础。

（二）受众文化接受的长期性与阶段性

文化"走出去"的翻译选材必须要正确评估受众对中国文化的理解与接受能力。文化"走出去"是一个文化接触、交流与渗透的过程，同时会伴随着冲突与矛盾，需要潜移默化的熏陶和感染。尤其是文化典籍体现的是中国文化的精髓，对于普通的中国人而言，理解都会存在一定的难度，对于海外受众而言，理解与接受的难度会更大，不可能通过几次大量整体的译介就会被海外受众理解并接受。因此，文化"走出去"是一项长期的系统工程，需要对各类文化典籍及文化材料的不同译本的传播效果进行调查反馈，分阶段地向海外译介，逐渐强化传播效果，使中国文化不是形式的"走出去"，而是真正广泛深入地"走进去"。另外，某些作品本身的可译性也是中国文化"走出去"翻译选材具有阶段性的另一个原因。这里的可译性不是指普通意义上作品翻译的难易程度，而是指这些作品原有独特风格的可传递性，即原文在内容与语言形式的统一性。对于一些中国古代文学与哲学巨著，其思想与艺术内涵深邃、语言优美，选材的初期阶段可以采取择其精要的策略，选择其改写本、简写本、普及本、青少年版、注音版、彩绘版进行翻译推出，如广东教育出版社出版的《中国经典文化故事系列》就是不错的选择。待海外受众对中国文化有了基本的认知与认同之后，再适时推出可以传递原作独特风格的译本。

四、媒介形式与翻译选材：文化内容与媒介形式的协调性及其数字化

对于传播媒介形式的考虑拓宽了翻译选材的思路。要传送任何符号，事实上都离不开一定的运载手段或工具，如纸张、声音、图像等。在当今信息化社会中，承载信息符号的媒介已远非纸张。本节所指的翻译选材是广义的文本选择，而非仅仅印刷文本的选择。内容与形式的结合使各种感受达到其最高的地步，所以，翻译选材需要关注"文化内容—传播形式—传播受众"三者之间的协调与统一。不同的文化信息内容需要使用不同的媒介形式，才能获得最佳的传播效果。媒介形式一般可以分为四类：印刷媒介、广播媒介、影视媒介、互动媒介。位于文化上层的精神文化与制度文化由于其内容难于理解，适合于用印刷媒介，供读者细读或研究，但也只能到达海外少数受众。物质文化内容与生活、娱乐与休闲相关，适用广播媒介、影视媒介、互动媒介，这些基本属于大众媒介的范围，能够到达数量众多的大众受众。中国文化"走出去"的翻译选材不应限于图书译介，还要选择大量的音像制品及适于网络传播的数字制品对外译介，如文化特色鲜明的、多民族的、古今歌曲与戏剧影视作品、现代综艺节目等音视频材料。互动媒介，包括台式电脑、平板电脑、手机、电子穿戴等网络终端不受时间与空间的限制，几乎能够到达所有的受众，已成一种信息时代的大众媒介形式。因此，针对互动媒介形式的文化材料将成为当今信息化时代翻译选材必须考虑的重要部分。总之，文化"走出去"的翻译选择要将四种媒介形式的文化文学材料都包含其中，同时还要考虑将不同媒介形式的材料进行有机地整合，以提高文化对外传播的整体效果。

五、传播环境与翻译选材：社会文化环境的适应性

任何传播活动必然要依赖一定的环境来进行，或者说，必然要以某种形式存在于一定的环境之中。选材经过翻译后在目标语社会中的传播效果受该社会文

化环境因素的影响。传播环境是指存在于传播活动周围的特有的情况和条件的总和。传播与环境表现为互动互助、相辅相成、共进共荣的互制关系。因此，中国文化"走出去"翻译选材必须考虑传播环境的因素。首先翻译选材要有全球化的视野。实现中国文化走出去战略的核心问题是寻找全球化时代的文化共识。只有把中国文化的对外传播建立在与他国文化相适应的基础上，才能与传播环境相适应。首先，中国文化"走出去"要为解决人类共同的困惑及构建和谐社会与和谐世界做出贡献。例如，中国传统文化核心价值观中的"和""仁""礼"等处事准则体现的是"三和文明"——家庭和睦、社会和谐、世界和平，是任何一个民族社会都向往的美景。它们"必将为化解人类面临的危机与冲突带来新的智慧"，因而对于维持社会稳定、缓解民族冲突、维护世界和平、促进经济的共同发展都不失为最佳的指导原则。

其次，翻译选材要有市场的观念。文化产品的跨文化交流通常是"买方市场"，都需要有必要的"推销"措施。从市场需求的角度考虑翻译选材是通过译作销售前景来研究如何选择材料。如果翻译选材的译作能够有很好的销量，中国文化也就得到了广泛传播。再次，不同的目标语社会有着不同的文化特征，对外来文化有着不同的态度与需求。因此，针对不同国家与地区的翻译选材的总体规划与设计也应该是不同的，这样才能使翻译后的作品在不同的国家都收到良好的传播效果。最后，文化"走出去"的目的是文化交流与传播，而非在政治与意识形态领域里的斗争与较量，翻译选材需要与政治宣传及意识形态保持适当的距离。过去的翻译选材基本上都是以国内的意识形态作为参照的，如"熊猫丛书"的部分文学作品中有一些直接反映了社会革命和建设的精神，其表达的文学性诉求屡屡遭到意识形态的扭曲和变形，预示了丛书日后可能遭遇的坎坷命运。选择的出发点是，既不能把国内的意识形态强加给国外的受众，回避目标语社会主流意识形态的抵制，又不必一味地屈从于目标语国家的意识形态。

六、传播者与翻译选材：国家规划的整体性与机构的专业性

从传播学的角度看翻译选材过程，翻译选材的主体即是传播者，负责中国文化"走出去"翻译材料的选择工作。从上述的相关讨论来看，中国文化"走出去"的翻译选材将是一项复杂的系统工程，需要传播、出版发行、文化、文学与文学史及翻译的专业人员参与，并非只是由出版社对典籍与文学作品做出选择这么简

单。因此，任何一个专业机构与社会团体都无法单独完成翻译选材工作。翻译选材过程将是一个多元化主体协作的传播活动，需要从国家层面成立一个专门的文化对外传播办公机关作为组织者，发挥政府在组织、协调与资金上的优势，协调各专业机构、社会团体与个体在翻译选材活动中充分发挥其专业特长，各司其职，才能科学地完成各个阶段的翻译选材工作。

该办公机关负责从文化、传播与翻译三个方面在全国范围内组织并实施中国文化对外传播的研究及操作。但是，需要避免从国家政治及外交宣传的角度进行操作，以保证文化"走出去"的交流与传播特质。通过调动专业机构与社会团体（高校、文化研究会、出版商/社、对外传播与传媒公司、翻译协会翻译公司等）发挥各自的作用，如组织相关领域里的专家学者参与相关的专题研究，甄选文化、文学作品及非文学材料，制定文化"走出去"翻译选材的整体规划及阶段性实施计划。专业人员个体在翻译选材过程中也可以根据自己的研究方向与兴趣，在国家整体规划以外选择自己的翻译材料，使国家整体选材规划更为丰富多样。

值得注意的是，过去的文化文学对外译介选材基本都出于国人视角的"自我"或"自需"选择，很少参照"他者"或"他需"的眼光。事实上，一些在国内并不看好的典籍或现代作品，在海外却颇受欢迎。所以，文化"走出去"翻译选材还应该邀请海外的汉学家、翻译家、出版商、文学代理人、版权经纪人、书商等参与研讨，共同确定选材的整体规划。毕竟"他者"的眼光无法代替，翻译选材最终是在海外传播，因此他们提供的参考十分必要。

传播学视角下中国文化"走出去"翻译选材以传播过程的七个要素间关联与协调为参照系，从而避免了选材的片面性与单一性。翻译选材应遵循以下原则：翻译选材的内容要文学作品与非文学作品相结合，严肃文学与通俗文学相结合，古代与现代文化相结合，高雅文化与大众文化相结合；翻译选材既要体现中国文化传播在某一区域历时的系统性与阶段性，即精神文化、制度文化与物质文化的协调统一，又要具有共时的地区差异性，尤其需要增加大众文化与通俗文化的选材力度；翻译选材必须考虑文化内容与不同传播媒介形式（印刷、文字、音视频及网络）的结合，以增强受众对于中国文化接受性；翻译选材还需要关注市场的宏观调节作用，避免译作在目标语社会由于意识形态的差异而受到抵制；在当今信息社会中，需要加大与网络媒介及大众媒介相适当的翻译选材的数量，增大文化信息到达受众的机会与范围。总之，翻译选材要以多样化的内容配合不同的传播媒介形式来满足不同层次文化受众的选择需求与接受能力，从而使中国文化广泛深入地走向世界。翻译选材是一项长期而复杂的系统工程，从而决定了翻译选材主体构成的多元性与协作性，只有政府、机构、专业团体、个体从不同层面与角度共同参与，才能实现中国文化切实地"走出去"并且深入地"走进去"。

第二节　翻译和文化的建构与传播——兼论韦努蒂的抵抗式翻译策略

翻译不只是语言表层结构的简单转换，还应涉及深层文化语义的转换。这种通过翻译来呈现文化的做法被一些翻译理论家称为文化翻译。文化翻译指翻译与文化之间的互动，而且文化影响并制约翻译。这种由文本转向文化的翻译被Even-Zohar 定义为"文化转向"（cultural turn），其具体指文化和意识形态语境中的翻译分析，是当代西方翻译研究的一种趋向或潮流。欧美比较文学和翻译研究学者 Susan Bassnett 和 André Lefevere 是当代翻译研究"文化转向"的主要倡导者和推进者。[①]

当代西方文化翻译研究认为原语文本只具有"相对自主性"，将翻译看作是对原语文本的"改写"和"折射"。由于这种翻译常常受制于出版商（patronage）、文艺思想（poetics）和意识形态（ideology）等因素，原语文本中的异国情调（exoticism）和作者原创（authorial originality）常常被放置于边缘地带。很显然，这种向目标语文化"极度倾斜"的翻译思想不适用于具有明显原语文化特征的著作，比如中国的《易经》《诗经》《离骚》等古典著作。换言之，虽然"翻译是一种文化建构"，但是为了避免文化翻译陷入以目标语为取向的"目的论"，本土文化的对外传播需要运用异化翻译策略来实现，即通过本土独特文化价值观的对外传播，让翻译参与本土文化身份的建构。

一、翻译与文化身份建构

由于翻译是对异域文本的转述，这种转述难免有所偏颇和倾斜，很容易变成一种归化过程，即将异域文本打上本土语言和文化的标记，而且这种"本土刻写"

① 陆礼春.翻译和文化的建构与传播——兼论韦努蒂的抵抗式翻译策略[J].广西民族师范学院学报，2021，38（01）：100-104.

贯穿着翻译每一个环节。根据韦努蒂的观点，具有塑造文化身份功能的翻译可以通过归化异域文本控制异域文化的再现，塑造异域文化的特定形象，从而参与本土身份的塑造过程，而且这个过程贯穿着一种用本土话语改写异域文本、服务本土文化价值观的翻译策略。

（一）控制异域文化的再现

翻译伦理对本土塑造异域文化身份有着重要影响。这种影响体现在翻译被用来排除那些无助于本土文化的价值观、争论和冲突上，进而制造异域文化的"刻板印象"（stereotype）。在制造刻板印象的过程中，翻译将尊重或耻辱安放在某个种族或民族团体上。这种基于民族中心主义、种族主义或爱国主义对异域文本表示敬意或敌意的翻译标准称为"翻译典律"（translation canon），它决定异域文化能否真实再现本土文化。

换言之，本土的意识形态、道德规范和审美标准等因素决定了翻译文本的选择，有时甚至导致对异域文本的误读，如安徒生童话《卖火柴的小女孩》的翻译；本土的意识形态也决定了文本的选择以及"异域文化能否在本土文化中真实再现的可能性"，如傅雷的法国文学翻译。因为"翻译典律"，原本赞美上帝、描述圣诞节日气氛的童话变成了一个卖火柴的小女孩在大年夜冻死街头的悲惨故事；因为政治和意识形态，一代翻译大家傅雷先被划为右派并停发译著稿酬，"文化大革命"开始后因不堪凌辱，愤而离世。

另一例子是，印度著名诗人、诺贝尔文学奖获得者泰戈尔（R.Tagore）在把自己的作品译成英语时，由于忽略"翻译典律"，将英国殖民统治下民族解放运动高涨的印度译成"和平与安宁之地"，这种主动归化的翻译因迎合英国殖民者通过基督信仰控制印度的意愿而抹去了本民族的文化色彩，因而具有自我殖民倾向。这使他在印度国内成为众矢之的，因为人们在他的译诗中看到的泰戈尔是一个"殖民与霸权文化可悲的追随者"。类似例子还有"西施（Chinese Cleopatra）"，这种归化翻译要么缺少文化自信，要么具有迎合英美文化价值观的嫌疑，都不利于本土文化身份的建构和本土独特文化价值观的对外传播。

因此，翻译必须考虑政治和文化方面的伦理问题，因为译什么、怎么译、为谁译、为什么译，都有可能涉及与意识形态和文化冲突紧密相关的翻译典律，对本土文化的建构与传播有重要意义。

（二）参与本土文化身份的建构

当翻译工程项目指向目标语特定的文化群体，翻译就参与了本土文化身份的建构。由于翻译有助于本土话语结构的建构，翻译常常被用于本土文化的建设，尤其是在本土的语言与文化方面。而在建构本土文化身份的过程中，异化翻译的作用举足轻重，无论是译介异域文本还是传播本土文化。例如，近代政治家梁启超竭力主张译介外国政治小说以改造国民性，他认为翻译的目的在于"吸取欧美之灵魂，淬我国民之心志"，翻译西方政治小说可以改变一个保守的民族，塑造独立自强的中华。他甚至批评严复的归化翻译"文笔太务渊雅"，认为翻译的目的在于向国民传播文明思想，而"非为藏山不朽之名誉"。

简而言之，归化翻译不利于塑造一个独立自强的本土民族身份。同样，我们在向外译介本土文化时，归化策略很容易让我们丢掉本土独特的文化色彩，显示文化不自信，甚至有迎合英美文化的嫌疑和自我殖民的倾向，这无助于中华民族独特身份的塑造。民族身份从来就不是固定不变的，翻译的异质性为这种变动创造了可能性，"翻译这样的文化实践也能促成社会变革"。

总之，异化翻译参与了中华民族文化身份的重构。无论是借异域文化促成本土文化的项目，还是输出本土文化品质的翻译工程，都是通过对异域身份的"映照"和本土身份的"自我认识"来塑造"本土主体（domesticsubject）"，从而实现重构中华民族文化身份的目的。

二、翻译与本土文化的传播

在翻译研究的"文化转向"走过十多年之时，Susan Bassnett 和 André Lefevere 两位学者合著了《文化建构：文学翻译研究论集》（*Constructing Culture : Essays on Literary Translation*），并在其中提出了文化研究"翻译转向"（translation turn）的全新观点，主张从翻译视角把单一文化研究扩展为更大语境的跨文化研究，从而解构文化研究中的英语中心主义。

（一）英美翻译传统的"暴力"倾向

作为美国翻译研究的领军人物，劳伦斯·韦努蒂（Lawrence Venuti）著有《译者的隐身》（*The Translator's Invisibility*）和《翻译的丑闻》（*The Scandals of Translation*），主编了《反思翻译》（*Rethinking Translation : Discourse，Subjectivity，Ideology*）和《翻译学读本》（*The Translation Studies Reader*）。韦努蒂的理论突破了传统的以英美为中心的翻译研究范式，从后现代主义视角批判英美翻译研究传统的"暴力"倾向，从而开辟了翻译研究中文化与政治结合的新途径，对于考察异域文本翻译对本土和源语文化身份的建构，以及本土文本翻译对本土文化身份建构有着重要参考价值。

根据韦努蒂的观点，译者有两种立场：原作立场和本土文化立场。前者主张如实再现原作内容，后者则对原作进行改写，以迎合目标语读者的文化价值观。这两种立场决定了异化和归化两种不同的翻译策略和言语表达方式，进而建构两种不同的文化身份。韦努蒂根据翻译研究历史，指出在翻译异域文本时英美译者主要采用归化策略，即根据本土文化价值观对原作进行归化式（domesticate）的暴力改写。源自欧洲文化的英美翻译传统可以追溯到古罗马帝国对古希腊文明的征服。古罗马在征服了古希腊之后，不仅像驯兽一样将大批古希腊的战俘和平民驯化（domesticate）为奴隶，还通过改写神话故事征服希腊文化，即"用本土的语言文化价值观去置换原文中具有他性的话语表达"。

韦努蒂认为基于"驯化"的归化既是帝国武力征服的工具，也是帝国殖民过程中征服异域文化的手段。归化意味征服和暴力，征服者必然在军事和文化方面使用暴力来对待征服对象。征服者对待征服对象的语言文化就像对待战俘和奴隶一样，撕掉征服对象的文化外衣，打上表示归属征服者的烙印，如希腊神话里的众神之父宙斯（Zeus）和天后赫拉（Hera）在罗马神话里被改写成朱比特（Jupiter）和朱诺（Juno）。虽然史学上有"征服者被征服"的说法，即落后的军事征服者终究被具有高度文明的民族所同化——罗马在武力上征服了希腊，却被希腊的文化所征服，在模仿和翻译希腊作品时却采用了归化式的暴力改写策略。在征服者的眼里，征服对象的语言文化外衣必须被扒下来，穿上自己看得顺眼的衣服，打上俘虏和奴隶的印记，表明被征服者的身份。作为征服者的译者对被征服者的语言和文化的强奸和抢劫（rape and pillage）是正当合法的。

德国哲学家赫德（J. G. von Herder）因此举了一个非常形象的例子来批评法国新古典主义在翻译荷马史诗时采用的同化（暴力改写）策略：荷马必须以俘虏的身份进入法国，穿着法国服装，以免冒犯他们的眼；必须剃掉他那尊贵的胡子，脱去简朴外衣；必须学习法国习俗，而且只要他稍微露出小农尊严，就遭到嘲笑，并斥之为野蛮人。

在征服者眼里，帝国殖民地的一切（包括人物和文化）都是战利品，具有使用价值——罗马在公元前146年灭掉希腊后，俘虏了许多希腊人作为奴隶，让他们做苦力，有点文化的奴隶做家庭教师或编剧写诗；希腊的文学可以用来消遣，翻译过来作为娱乐，希腊的神话甚至被改编成了罗马神话。征服者对异族及其文化的征服和归化的这种心理就是英美文化霸权中归化翻译的根源。例如，英国小说家丹尼尔·笛福（Daniel Defoe）在其代表作《鲁滨逊漂流记》中塑造了一个归化的野人"星期五"；美国迪士尼公司出品的动画电影《花木兰》根据自身价值观改编了中国古代木兰替父从军的故事；美国梦工厂更是借用中国元素出品了3D 动画电影《功夫熊猫》，既赚了中国的票房又推行了美国文化。

归化翻译成为英美文化翻译的主流与帝国的文化价值观密不可分，帝国征服者对待异族文化就像对待俘虏一样肆意践踏。自觉为美国文化外来者的意大利裔韦努蒂将这种肆意践踏异域文化的归化翻译斥为"翻译的丑闻"，并针对这种对异域文本施暴的文化霸权行径提出了以异化（如实再现原作）为特征的抵抗式翻译（resistant translation）策略。

（二）抵抗式翻译策略与文化价值观输出

"抵抗式翻译"概念首倡于韦努蒂 1992 年主编的《反思翻译》。抵抗式翻译与刘易斯"反常忠实"（abusive fidelity）同义，指"拒绝当代主流翻译中的流畅（fluency），提倡一种称为抵抗（resistancy）的对立策略"。

在韦努蒂看来，译者要复制出异域文本的"反常"特征，而这种"反常"是双重的，既要抵抗目标语主流文化价值观，同时还要在译文中保留外语文本的异域特征。每一种语言都应保留另一种语言的"反常"，因此译文要忠实于原文的异常性。这需要译者要在目标语文化中复制并增补源语文本的异质性，远离"归化"，即译者要将异质性同时保留到两种语言的文本里。简而言之，"抵抗式翻译"就是尊重源语的文化价值观，尽量体现目标语和源语文化之间的差异，把原文的反常译成反常，让译文读起来像翻译，而不是像本土原创。在韦努蒂看来，抵抗式翻译策略有助于保留外语文本语言和文化的差异性，生成陌生和异化的译文，通过标示出目标语文化主流价值观的局限，阻止这些价值观对另一种文化实施"帝国主义归化"。

相对于主张消除语言差异、迎合目标语读者习惯、注重"流畅—归化"的传统翻译观，如"理想的译文仿佛是原作者的中文写作"和"译本读起来不像是译本"，韦努蒂倡导的抵抗式翻译显得与众不同，甚至反常。抵抗式翻译策略首倡于《反思翻译》，后在《译者的隐身》和《翻译的丑闻》中得到拓展和深化：前者探讨抵抗式翻译，认为译者应该更为可见（more visible）以抵抗和改变翻译的理论与实践状况，而其中第一步就是提出一个理论基础，让"译文读起来像翻译"；后者主要讨论对于不同语言文化之间差异的翻译伦理。总之，韦努蒂主张体现不同语言文化之间的差异，强调通过抵抗式翻译彰显译者身份，使其更为可见，从而弘扬"译者的主体性和创造性"。

因此，按照韦努蒂提出的翻译伦理，严复的归化翻译以及傅雷与钱锺书所说的归化式翻译其实也是一种翻译暴力，这种归化翻译名义上虽然不是帝国式的，但其暴力实质如出一辙，即站在本土文化的立场上，对原作进行改写，以迎合目标语读者的审美价值观。而异化翻译在"吸取欧美之灵魂，淬我国民之心志"西学东渐的时代有助于改变一个保守的民族，塑造独立自强的中华。

换言之，当"五四"前后的中国民族文化处于弱势、需要求助于外国文化时，异化翻译有助于加速本民族语言文化的变革，即通过译介外国文学作品和学术思想可以促成中国文化和政治现代性的形成和中国现代文学语言的革新，为中华文化注入新的思想和理念。简而言之，相比较归化式的暴力改写，异化翻译策略在译介外国文化价值观，并借此改造国民性及建构本土民族身份的过程中起着非常重要的作用。除了译介异域文本（尤其外国政治小说）以实现改造国民性之目的，非暴力的抵抗式翻译策略，还可以参与民族身份的建构以及本土文化价值观的传播。

如果近代中国用异化手段译介英美文化体现了当时处于弱势的民族不自信，那么 21 世纪的中国依然可以用非暴力的抵抗式翻译策略来展示中华民族的文化自信。非暴力的抵抗式翻译指站在本土文化的立场，采取异化的手段，但不迎合目标语国家的审美情趣，将本土的文化价值观真实地再现给西方读者，在塑造、提升民族文化身份的同时，向西方传播中国的文化价值观。非暴力是指不企图通过翻译侵入或干预他国文化，而是以真诚的态度与西方平等交流；抵抗式翻译就是采取异化手段，将中国文化的经典如《易经》《诗经》《离骚》等原汁原味地再现出来，不削足适履，不要为了迎合目标语读者而删改本土独特的文化特性，不要像泰戈尔一样自我殖民，为迎合西方读者而自觉成为西方殖民和霸权文化的追随者。

早期的汉英翻译有削足适履、以牺牲本土文化特性为代价迎合目标语读者的自我殖民的嫌疑。例如，"如雨后春笋般生长"译成"grow like mushrooms"，牺牲中国竹文化迎合西方读者；"完璧归赵"译成"return something intact to its owner"，削去了反映中国玉石文化的典故；"西施"译成"Chinese Cleopatra"，将春秋时期的美人西施等同于埃及艳后更是迎合了西方的审美情趣，用他者来定义自己的身份显得尤为不自信。这种常见于文化典籍和旅游语篇的削足适履、迎合西方读者审美情趣的翻译，不利于本土身份的建构和中华民族文化的传播。而基于平等交流的非暴力抵抗式翻译策略，通过真实地再现本土文化价值观，有助于消除民族文化自卑感，进而重构民族文化自信。

翻译既是两种不同语言形式之间的转换，也是两种不同文化形态之间的"转换"（transformation）、"阐释"（interpretation）和"再现"（representation）。换言之，翻译实际上是一种以语言为载体的文化传播和文化阐释，即"翻译是一种文化建构"。简而言之，语言是文化建构的一种载体，而翻译是一种基于语言转换的文化建构与传播行为。翻译不仅能引发和促进社会变革，推进文学与文化的发展，而且对于民族身份的塑造和民族文化的建构与传播至关重要。因此，翻译必须考虑文化和意识形态方面的伦理问题——是暴力改写，还是刻意迎合，或是真实还原与再现．为了避免文化翻译陷入以目标语文化为取向的"目的论"，按照韦努蒂提出的翻译伦理，抵抗式异化翻译在文化的建构与传播方面显然优于暴力式归化翻译，原因有二：首先，异化翻译能够真实还原或最大限度地还原外国文化，为中华文化注入新的思想和理念，有助于塑造和提升本土民族文化身份；其次，抵抗文化霸权的异化翻译能够向他者真实再现本土独特的文化价值观，通过中华文化身份的建构和民族文化的对外传播，树立民族文化自信。总之，抵抗文化霸权的抵抗式异化翻译策略不仅可以参与本土文化身份的建构，而且有助于异国文化的借鉴和本土文化的传播，从而推进不同文化间的平等交流。

第三节　翻译在跨文化信息传播中的"边界"标准

翻译是连接作者和受众的中间环节，身兼信息"接受者"与"传播者"两种角色；同时，翻译的目标是有效传递源语言的意义和风格，因此译者不仅需要把源语言译为目标语言，还要沟通双方文化。本节采用哈罗德·拉斯韦尔传播过程"五要素"理论及麦奎尔的"受众分析"理论，分析翻译在信息传播过程中的角色功能；运用翻译理论语言学派的代表理论，阐明翻译发挥角色功能的理论基础；以英汉两种语言互译为例，从翻译的归化译法与异化译法、高语境与低语境两个角度，说明翻译在跨文化信息传播中如何有边界地发挥作用。①

---

① 胡爱华. 翻译在跨文化信息传播中的"边界"标准 [J]. 青年记者，2019(15): 67-68.

一、"接受者"与"传播者"

译界常把美国翻译理论家尤金·奈达对翻译的描述作为翻译的定义：翻译，是指从语义到文体在译语中用最切近、最自然的对等语再现原语的信息。这个定义把翻译描述为一种行为。

这种行为通常是跨文化的。这里的"文化"是指大部分社会中的主导文化。每个文化都有一个主导群体，这个群体极大地影响着整个文化人群的感知方式、交流模式、价值观以及信仰，比如美国白人男性通常是美国文化的主导群体。

同时，这种行为又是一种对信息的接受和传播，符合传播规律。1948年，美国学者拉斯维尔在论文《传播在社会中的结构与功能》中提出了构成传播过程的五个基本要素，并将各要素按照一定顺序排列，形成了被称为"五W"的传播过程模式。这五个基本要素构成了信息传播的关键节点。

翻译过程中，译者首先是受众，是信息的"解码者"。按照英国传播学者丹尼斯·麦奎尔的说法，受众是"社会环境和特定媒介供应方式的产物"。麦奎尔的社会文化性受众研究理论认为，"受众具有主动性和选择性，受众的媒介使用是赋予文化产品和文化经验以意义的过程"。这无疑是从传播学的角度，认定译者在解码过程中主动性的客观存在。

传播者，是翻译在信息传播中承担的重要角色。传播学奠基人之一库尔特·卢因在1947年发表的《群体生活渠道》中首先提出传播者是信息的"把关人"这一概念。卢因认为，这种把关并非个体行为，会受到把关人所处的经济、社会、文化等环境因素的影响。本节所讲的翻译，指的是翻译行为，翻译行为具备把关人角色的多数功能，但不一定包含传播渠道的选择等。可见，从传播学角度分析，无论是作为信息的"接受者"与"传播者"，翻译在信息传播过程中的主动性、主体性都是客观存在的。

二、"边界"：对等翻译

无论是前文对翻译定义的描述，还是严复在《天演论》中提出的译事三难："信、达、雅"，都对翻译主体性的发挥做出了明确限制。译者必须明确翻译主体性的"边界"在哪里。

西方翻译理论语言学派代表人物尤金·奈达和约翰·卡特福德同为"对等"翻译理论的创立者。他们从语言学角度对翻译行为进行更加客观、准确的分析，从而指导翻译实践。他们的理论把翻译从经验式、随感式的传统翻译方法提升到较系统化的层面。奈达和卡特福德都强调，翻译要力求使源语和译语的意义保持一致。但两者的观点又有显著的差别。奈达认为，通常不同的语言具有同样的功能，所以翻译过程中会出现"对等现象"，只要使"译语的信息接受者对译文的反应……与源语接受者对原文的反应程度尽可能相同"，就实现了翻译的"功能对等"。奈达认为翻译不应过分追求原文形式与译文形式的对应，而应将注意力集中在准确传达原文意义上。"当保留原文形式容易让读者产生误解或是会给读者理解带来不便时"，译者可以改变原文形式。奈达提出，要针对不同语言的深层意义进行转换：在进行翻译时，要先把源语的表层意义转化为深层意义，再转化为译语的深层意义，最后转化为译语的表层意义。

卡特福德认为，翻译是"把源语的文字材料替换成与译语对等的文字材料"。但同时他也认为，只有当两种语言所涉及的翻译对象拥有某些共同特征时，才会存在对等，而且这种对等只存在于语音、字形、语法和词汇相同的层面之间，不同层面之间是不可能产生对等的。在翻译过程中，尽管需要坚持形式对等，但偏离原文往往无法避免，因此需要进行"翻译转换"。卡特福德的理论，更加强调语言学在翻译中的应用，与翻译中经常使用的异化译法有类似的地方。

语言学认为，英语、意大利语、法语、西班牙语等属于印欧语系，汉语和壮侗、藏缅、苗瑶等属于汉藏语系。卡特福德在其论述中的研究对象多为印欧语系语言，很少以不同语系的语言举例。不同语系间发音、语法等基本特征具有明显的不兼容性，因此导致翻译的形式对应经常难以实现。我国译界通常需要在不同语系之间开展翻译，因此，国内对于卡特福德学说的研究相对较少。在不同语系之间语言的翻译实践中，译者更应侧重于实现文本等值，而不是形式上的对等。换句话说，当我们进行汉语与英语等印欧语系语言对译时，不能否认卡特福德理论的价值和有效性，但我们更应强调对原文意义的准确传达。

三、归化译法与异化译法中的"边界"

归化译法与异化译法是不同语系间翻译时常用的方法。简单讲，所谓归化译法，就是译者在翻译时要更多地考虑译语的文化和语法结构特点，使译语读者能够更准确地接受原文的信息；异化译法，就是更多地依据源语的文化和语法结构进行翻译，以更好地保持源语文化的特色。笔者认为，这两种方法都应在坚持上文所讨论的"对等"原则的前提下进行。

严复先生是著名的教育家，同时也是翻译家。他在翻译《天演论》时着重使用了归化译法。严复翻译《天演论》时所处的正是晚清国家积弱贫穷、民众极度蒙昧的严峻时期，为了让译作真正起到振聋发聩、开启民智的作用，他在翻译时采用了较为大胆做法：他认为，最重要的是要使当时封建统治阶层的旧思想受到冲击。为了让这个阶层的读者更容易接受，他调整了原著的结构，译文参照先秦诸子著述的体例进行编排。同时，他对原文中与他要表达的观点无关甚至相悖的内容进行了删减。最极端的例子是，赫胥黎的原书名为《Evolution and Ethics》，中文直译应为《进化与伦理》。因为严复认为伦理并非当时中国所要直面的主要问题，于是直接删掉该部分内容，在书名中只保留了"进化"的内容。当然，严复先生的做法已经明显偏离了本节所坚持的翻译"对等"原则的边界，但我们也应考虑到，在当时极端的历史环境下，《天演论》承担的已不仅是一部简单的译作的使命。莫言作品的译者葛浩文曾说，为了译著能满足传播受众的接受心理、阅读期待和阅读习惯，他在翻译时就经常对原著进行编删改动，这是"为读者而翻译"。不可否认，莫言作品获得诺贝尔文学奖，与葛浩文的翻译密切相关。但这与严复译的《天演论》一样，也应该被视为一种特殊情况下较为极端的做法，可以称为编译甚至改译。

2000年电影《卧虎藏龙》获得了第73届奥斯卡最佳外语片等4项大奖，该剧的台词翻译，就充分体现了译者在"边界"内对于归化译法和异化译法的运用。例如，俞秀莲问刚刚结束闭关修炼的李慕白："你得道了？"汉语"得道"的内涵极为丰富，可以从道家和佛教不同角度加以解释，但无论从哪一个角度进行直译，都会令西方观众费解。此处英文对白译为"you were enlightened？""enlightened"在英文中有"顿悟"的意思，这样译更容易被西方观众理解，是一种典型的归化译法。鲁迅先生早期的翻译风格深受严复先生的影响，也曾旗帜鲜明地坚持归化译法。后来，他意识到，异化译法对于国人更好地了解外域文化、思想，丰富汉语词汇更有帮助。鲁迅先生著名杂文《论"费厄泼赖"应该缓行》的"费厄泼赖"（fair play），就是异化译法的典型应用。

四、语境与"边界"

"过程哲学"的创始人阿尔弗雷德·怀海德曾说："认为思想能够用语言符号精确地表达出来的观点是十分愚蠢的。"翻译要做的恰恰是准确地传达思想。与不同语系之间的翻译难度相比，不同语境之下的翻译，更是给译者对于源语和译语文本之间思想和意义的准确表达带来了困难。在语境差别较大的两种语言之间进行翻译，翻译的"边界"标准就又有了新的内涵。

美国人类学家爱德华·霍尔最早提出了"语境"的概念。霍尔认为，语境可以定义为"围绕事件的信息"。"根据交流中所传达的意义是来自交流的场合还是来自交流的语言，他将文化分为高语境和低语境两种。"

高语境文化中，因为传统和历史、习俗等在该文化人群中获得了较高的理解和认同，因此，高语境文化中人们的交流不需要交代很多背景信息，有时候甚至不需要语言表达出来。日本文化、中国文化、朝鲜文化，包括印第安文化，都属于高语境文化。低语境文化中，人们之间缺乏共同的传统和历史共识，因此交流时往往需要把事情的背景资料讲清楚，以供对方判断。美国文化就是典型的低语境文化。为了说明不同语境下的翻译策略，我们仍以电影《卧虎藏龙》的对白举例，场景为俞秀莲押解镖车过了城门，到达目标商铺，商铺老板与俞秀莲对话。

商铺老板：谢天谢地，俞姑娘辛苦了。

英文翻译：Everything got here safely. I'm much obliged.

根据电影画面的情境转换，高语境的、中文为母语的观众会明确判断这趟镖很顺利，所以中文对白中，商铺老板直接表示感谢，而不需要表白"所有的货物都到达了"。而英文对此句的翻译与中文原文在文字上是完全不对等的，似乎不符合"边界"原则；但对于低语境的观众来说，必须把货物安全抵达这一背景交代清楚，他们才能明白剧情的进展。同时考虑到剧情中人物对白的节奏，"俞姑娘辛苦了"这句在英文中没有直接体现，而采用"I'm much obliged"表达感激之情。

翻译是不同语言之间信息传播的重要环节，符合传播的一般规律；但翻译毕竟不同于原创，译者应该也能够在一定的边界内发挥主体性，从而实现理想的传播效果。

第四节　跨文化视角下文化翻译传播属性关键因素分析

不管是德国的翻译功能目的论者还是功能语言学派在他们看来翻译行为一定出现于特定的文化之中，他们均基于社会功能的层面对翻译理解分析，把翻译看作是一种跨语言、跨文化的交际传播行为指出翻译的社会功能是交际或进行探讨。因此理论领域应当基于跨文化传播学的视角细致深入地探讨翻译的社会功能与本质属性，同时还应当系统全面对翻译活动进行考察。对于翻译而言其属于跨文化传播的纽带和桥梁并且其兼具传播与文化两个方面的性质。鉴于这个原因，我们能够将翻译看作两种文化之间的对话说到底是源语文化在译语文化中传播。①

一、翻译跨文化传播学本质

对于文化来说不管是在同种文化内部还是在不同文化间传播与发展是一个必不可少的环节。对于异语文化来说彼此间应当进行交流，而交流过程中一定需要翻译，非常明显翻译说到底属于跨文化传播与沟通，即翻译来自跨文化传播同时属于跨文化传播，一个方法与产物对其所属文化具有很大的依附性。毋庸置疑，翻译实质上属于文化的范畴，即一种把某语言传播的信息通过其他语言进行展示的传播、沟通行为。

二、跨文化式翻译行为的基本特征

对于翻译而言其差不多涵盖社会文化传播行为的方方面面，尤其需要注意的是人类一直持续着通过各种手段翻译。在本质上其和跨文化传播具有非常密切的关系，两者相互融合具有一定的互补性。恰恰是由于这个原因，对于跨文化传播式翻译来说，其大体上存在下面三个方面的特征：

（一）符号与语言是跨文化式翻译传播所必需的

传播过程中必须要有相应的符号与媒介，其中，前者主要是用来负载信息，而后者主要是用来负载前者。对于文化来说其存在主要是通过符号的形式实现产生，旨在进行传播，一切符号仅仅在传播过程中才具有其作用。对于符号来说其离开了传播就会丧失价值，要是这样的话，文化便不复存在。所以，符号与语言是跨文化传播过程中所必不可少的关键因素，人类恰恰是利用它们才能够沟通信息与价值观，并且能够重构价值。作为跨文化传播过程中一个关键的手段翻译这一过程尤其需要符号与语言，其不能脱离这两者而存在。

---

① 郭歌.跨文化视角下文化翻译传播属性关键因素分析 [J].湖北科技学院学报，2014，34（06）：122-123.

（二）目的性

对于跨文化传播来说属于人类的自觉活动传播主体想要通过这一活动实现一定的效果与目的。因此，其是异质文化相互之间感情、思想、信息传递的社会性活动。并且翻译活动始终在有指向、有目的地开展着，是一种主体的认知活动，即世界上不存在没有目的的跨文化传播和翻译。跨文化传播中对于传播者来说从开始收集一直到处理信息的整个过程中，差不多各流程均结合着有目的地跨文化的创造行为流分反映出其目的性。

（三）跨文化传播和翻译活动两者存在非常突出的互动性

跨文化传播与翻译活动都是一个双向的过程，是译者和读者双方沟通信息的过程。一般情况下，人际交流大体上包括无（有）反馈的单（双）向式交流。其中，前者对译者和读者双方的作用与地位进行了区分，但是将双方能够相互转换这一个问题忽略了。而对于后者，双方为互动关系，他们具有对等的作用，他们在这个过程中通过一样的编码、译码、解码的功能。

三、跨文化式翻译传播属性及因素分析

作为跨文化传播一个关键的手段，翻译传播中一定要与跨文化传播的属性相符。接下来笔者将从跨文化传播学的视角下细致深入地探讨其中的相关要素。跨文化的信息传播过程主要包括下面几个方面：传播者、传播内容、传播媒介、传播方式、传播受体、目的、传播场合、效果。这几个方面相互制约，关联。笔者主要针对上述 8 个要素探讨跨文化式翻译传播属性并分析相关因素。

（一）译者身份与行为

毋庸置疑，译者是双语沟通过程中活跃性最强的一个因素，由于其一方面属于双语交流的纽带和桥梁，另一方面还能够为沟通的实效性提供保障。要是没有译者的能动作用，那么翻译是无法实现的。其在推动各种类型的文化相互之间沟通过程中扮演着非常关键的角色催化剂的功能。实际上，翻译理念或多或少影响着译者的工作成效。全球一体化的推进以及国际合作交流的不断发展使得译者的身份发生了翻天覆地的变化，其关键性作用得到认可，并且其主体角色日益凸显，同时其积极性和主动性有了显著的提升。

翻译归根结底属于一门艺术并且极具创造性其存在离不开译者的主观性，译者在翻译中，还存在若一定的主体性特点其属于翻译活动的实施主体。这样翻译过程中，翻译即译者和读者利用语言这一有效载体再展开平等对话从而实现彼此理解，为主体性思维存在的矛盾提供了有效的应对策略最终能够推动译者主体研究不断发展。

（二）翻译目的和策略

关于翻译目的，译学领域主要具有文本与非文本两个定义，主要是用于辨别翻译的文本与非文本行为，表明文本行为属于译者的基本行为同时还属于译者的根本目的将经济目的、政治目的、文化目的等作为译者的目的。后者的目的为文本目的也就是使并不了解原文的读者利用译文就能够弄清乃至赞叹原文的文体风格和主题，但是文本目的的途径只有一条，即翻译的文本行为用一种语言表达另一种语言。其文本目的属于译者的根本目的，因此，对于译者来说其主要任务就是达到该目的。翻译过程中，对于一般的应用文体均在一定程度上会使用目的论倡导的适当改动、删减、增加等诸多手段，各种方法均获得了实践的检验的确非常不错，这样就使得转译、改译、编译、节译同样被看作是翻译方法。在这里，我们并非一味地注重译文的作用而对原文滥用，原文仍属于译文的基础。对于译者来说其不管怀有何种目的都不允许置原文于不顾而毫无限制地进行想象，其在一定程度上一直受制于原文。

（三）翻译语境与材料的选择

作为一种跨文化传播沟通过程，不管翻译具有什么样的形态意义，其均不能离开语境而存在。在这里文化语境相关因素对整个翻译的每一步骤均发挥着非常关键的作用。如从获得文本里面确定将要翻译的内容，做出决定的人是谁，译本的创造者是谁，在何种情况下对象是谁，具体的影响或者效果；译本通过哪一种形式，如对现有的期待和实践的选择；那些人对翻译阐述自己的意见，具体是什么意见与相关根据；等等。

翻译之所以存在，究其原因主要是由于经济的不断发展与各种文化的沟通交流等。按照功能目的派翻译理论，翻译属于一种有目的的行为活动，也就是译者在翻译过程中经由一定的目的的引领，并且与接受环境、读者、要发挥的功能与有关因素等进行结合，在此基础上，然后进行选材，也就是确定将要翻译的内容，最后将其翻译出来。随着社会发展进入不同的时期以及翻译语境的变化，应该根据具体情况确定翻译材料。拿欧洲来说，在 14 世纪中叶爆发于意大利各地的文艺复兴期间，为了能够再次发现古罗马与古希腊文化，特别是对古罗马古希腊文化的强烈兴趣，推动着大量人文学者纷纷开始注重古典作家的著作，主要涉及贺拉斯、西塞罗、欧里庇得斯等著名的哲学家，在选择翻译方面充分反映出文化风尚的影响与社会的需要。

（四）译作的传播渠道及其影响

要使译作有效传播，使其能够获得众多读者的青睐，实现大众化。第一步就应当从翻译出版的途径入手，探讨翻译活动，细致深入地研究译者在翻译过程中怎样确定译作，同时还需要深入探讨出版者在工作过程中怎样对译作进行编辑、怎样将其投放社会。另外，还应该探讨读者怎样对译作选择接受，以及具体评价等等，诸多方面的内容均需要在这个角度下加以探讨，这样"翻译—出版—造成的效应"这一个过程，非常具有研究价值。在这里我们应该清楚，并非所有的译作均通过出版传播这一渠道，我们生活的社会中不乏大量利用诸多类型的大众传媒渠道进行传播的，如 internet、电视机、电影等，同样具有非常不错的作用，相比出版传播来说，其在跨文化传播过程中所起的作用丝毫不逊。

对于跨文化传播，其属于异质语言文化翻译传播的过程。现实中我们可将一些新思想、新技术、新事物进行翻译。在某种意义上，一部人类的文化发展史，如同一部人类跨文化翻译传播史。拿文学来说，从 1840 年的鸦片战争到 1949 年新中国成立，甚至到现在，我国文学领域的知名作家，均在很大程度上受到国外文学的影响，要是没有从清朝末年起我国对西方国家的文学著作的钻研，我国小说是不会取得翻天覆地的变化的。

对于文化来说，不管是在同种文化内部还是在不同文化间传播与发展是一个必不可少的环节。所以对于异语文化来说，彼此间应当进行交流，而交流过程中一定需要翻译，所以翻译说到底属于跨文化传播与沟通，即翻译来自跨文化传播同时属于跨文化传播的一个方法与产物。对于跨文化传播式翻译来说，其具有符号与语言、目的性、突出的互动性等特征。跨文化的信息传播过程主要包括下面几个方面：传播者、传播内容、传播媒介、传播方式、传播受体、目的、传播场合、效果。这几个方面相互制约关联。通过研究翻译的目的选择和策略、译者的身份地位、语境与材料的选择、传播渠道及其影响等方面对翻译的跨文化传播属性符号进行细致深入的探讨。

第五章　翻译的归化异化与文化传播

第一节　归化异化与文化翻译传播

何为翻译？简单来讲，翻译是语际交流过程中沟通不同语言的桥梁，是在准确通顺的基础上，把一种语言信息转变成另一种语言信息的行为，其中归化和异化是两种非常重要的翻译策略。无论东方还是西方，从最开始无规模的翻译发展到自觉的规模性翻译之后，归化和异化的交锋随之开始。最近几十年，国内的各类学刊刊登的文章中，有数以百计的提到了有关归化和异化问题，足见这一问题的重要性。

一、归化和异化的理论依据

德国翻译理论学家施莱尔马赫（Schleiermache）在《论翻译的不同的方法》中提出的两种翻译方法已经被视为归化和异化争论的源头。施莱尔马赫认为，译者只有两条路可以选择：要么让读者靠近作者，要么把作者拉向读者。前者被称为"alienating"（异化），后者则被称为"naturalizing"（归化）。后来这两个概念被韦努蒂所吸收，分别成为异化翻译和归化翻译，这就是归化和异化的发展渊源。究其根本，所谓归化和异化是以译者选择的立场加以区分的。异化是以源文化为归宿，翻译时吸收异语的表达方法，保留外来的语言特点借此传达原作的内容。但归化则以目的语文化为归宿，要求译者尽量靠近目标读者，以他们惯常的表达方法传递原文内容。

从理论的角度出发，归化和异化是翻译体系里的一对矛盾体。随着翻译越来越靠向文化，归化异化理论则引起了更多学者的关注。到底归化是主导还是异化是主导，学者们为此展开了长期而热烈的讨论。在我国主张归化的翻译家有傅雷、林纾、钱钟书、张谷若等，而主张异化的翻译家有鲁迅、瞿秋白等。讨论一直持续，究竟是该主张归化还是主张异化，迟迟没有定论。笔者并不赞成绝对地坚持归化或异化，原因很简单，翻译涉及的因素太多，譬如不同的翻译目的、文本类型、作者意图以及读者对象，归化和异化可以完成各自的使命，因而也都有其存在的价值。但笔者主张从文化传播这一角度展开对异化这一翻译策略的坚持和肯定。[①]

二、翻译的文化传播

翻译学者都有一个共识，那就是翻译必然是文化之间的一种交流。不同的文化、社会因素会潜移默化影响翻译活动。从文化的角度出发，应不应该引进异语文化，又应该怎样去传达异语的思维方式都是翻译活动必须考虑的问题。不同的社会文化借语言的渠道来传达，所以正是通过语言之间的不断转换，沟通的桥梁才能顺畅地搭建起来，文化也因此传播和交流。翻译不仅是开向另一个世界的窗口，而且开通了一个渠道，通过这一渠道，文化不断渗透。有人认为翻译总是意味着一种文化对另一种文化施加更多的影响。随着文化渗透的不断进行，强势文化成分的大量涌入会弱化边缘文化。所以有学者从政治角度出发主张异化翻译策略。韦努蒂就是言辞激烈的一位代表。他将其理论置于后殖民语境之中，矛头直指英美文化中的民族主义、种族主义和霸权主义。他认为，"在试图遏制种族中心主义的篡改式翻译这个层面上，异化翻译在当今的国际事务中非常值得作为一种战略上的文化干涉，用来反对拥有霸权的英语国家，反对让它们使世界上其他国家卷入其中的不平等文化交流。用英语异化翻译可成为抵抗民族优越感、种族主义、帝国主义以及文化自恋的一种形式，以有利于民主的地缘政治关系。长期以来，英美文化一直被提倡流畅翻译的归化理论所支配。凭借炮制出清晰透明的幻想，流畅翻译会装扮成真正的语义等值翻译，可这时它实际上却会在外国文本上刻下一种有偏向的阐释，一种偏向英语价值观念的阐释，从而缩小翻译有责任传达的真实差异"。此种观点不无道理。各种翻译译本中，以英美为代表的价值观念、思维方式铺天盖地而来，那么在政治世界里弱小国家的文化呢？是不是其文化就应该被归化的翻译策略罩上面纱，在其传播的过程当中误解重重？所以翻译应该尽量做到异化，平等地交流文化。

---

① 梁倩. 论翻译的归化异化与文化传播 [J]. 海外英语，2012（02）：151-152.

三、实例佐证

从翻译的内涵来看，主张异化的学者认为，异化就是要传达原作的异域分子，其具体体现在三个方面：第一就是要保留异域的文化特色。语言是文化的再提是所有学者都不可否认的事实，所以在语言的使用上，作者一定会留下或浓或淡的文化色彩，那就要求在翻译时尽量做到"传真"的功效。第二，要保留异域的文化形式。作为一名译者，不仅要翻译内容还有尽量保留原来的形式，做到内容和形式的统一。在学习新的表达形式方面上，异化会更有帮助。第三，异化也要极其注意原作者的写作手法。具体的译文可以作为有力的证明。

Shall I compare thee to a summer's day？

Thou art more lovely and more temperate.

译文：我怎么能够把你来比作夏天？

你不独比它可爱也比它温婉。

这是莎士比亚第 108 首十四行诗中的首句。第一次读这首诗时读者不会明白作者到底要表达怎样的感情。很容易产生这样的疑问：莎士比亚这样的文学大师怎么会把"夏天"看成美人？中国的夏天干燥酷热，有谁会享受这样的天气，但诗中却说夏天既可爱又温婉，让人不知其原委。虽然不明白作者的意图但深深记住了这个比喻。但如果联想一下地理知识，就会知道英国的夏天完全不一样。英国的夏天温度适中阳光灿烂是让人放松休闲的好时候。可见异化的翻译不仅保留了异国文化色彩，而且使得读者在文化上相互摩擦，思想上互相冲击，使得人们有浓厚的兴趣去深入了解异国。这无形中就为彼此的文化传播开辟了一条曲径。

再来看中国古典名著《红楼梦》。目前有十几种外文译本，其中两种翻译译本影响较大。一是 *The Dream of Red Mansion*，由杨宪益、戴乃迭夫妇翻译；另一种是 The Story of the Stone，有戴卫·霍克斯和约翰·敏福德合译。杨宪益夫妇考虑到了英美读者的期待——希望更多地了解中国的传统文化，所以在翻译过程中充分使用异化策略，以源语文化为归宿，大力介绍中国的民族文化，成为古典名著英译本的经典范本之一。而后者则采用了归化策略，他们的文本让读者感觉故事就像发生在英语国家一样。这当然失去了传播中国古典文化的功用。霍克斯在翻译时，意识到 red 一词会使英语读者联想到暴力、流血，所以在小说中避免使用"红"字，"悼红轩"译成"Nostalgia Studio"；"怡红院"译为"The House of Green Delights"，宝玉爱红的毛病也干脆忽略不写。评论家普遍认为这些改动涉及了《红楼梦》的一个重要思想，一定会影响读者的感受。实际上，尽管英语读者会把"红"跟暴力、流血联系起来，但在《红楼梦》这部巨著中，多次出现"红"字，读者会逐渐体会到红色在中国文化中的微妙含义。正可谓书读百变其义自现。而同时读者也会了解到中国人对于红色有着某种特殊的情节。文化如同细流一样慢慢渗透。但如果只考虑到读者的文化，归化这些，那《红楼梦》这一经典著作不可能完整地呈现在外国读者面前，而且读者对于中国文化的理解也被迫停留在支离破碎的断层上。

除了诗歌／巨著，电影片名的翻译也是一个重要窗口。谈到电影片名的翻译，其首要的目的就是要受众群体明白和理解，但更重要的任务就是要透过影片，促进文化的传播。电影《卧虎藏龙》被翻译成 *Crouching Tiger*，*Hidden Dragon*。其实龙在中西两种文化中拥有截然不同的形象。在中国龙是力量的象征，代表着中国的祖先；在西方，龙则被描绘成一种邪恶力量。很多时候，译者都会用其他文字来代替龙以避免可能引起的误解。但是从文化交流的视角出发，一味地归化文化负面词，对长远的文化交流并没有帮助，反而会有负面影响。所以推广异化的翻译方法，不仅能很好地译出原作的意图，而且更有异域色彩。再来看另一部反映文化差异的影片《刮痧》，其英文名就异化为 *The GuaSha Treatment*。刮痧是中国传统中医的一种疗法，但是对不了解中医的外国人来说这确实是一个知识空白。但是笔者认为，这样的译名有效传递了信息，消除了目标读者语言贫乏的差距，也正是这译名促使观众去了解刮痧，使得观众消除了对中医的偏见，让其不仅对中国的中医文化有所了解，也对中国的人情世故有了更深刻的感受。这让观众体会到不同的民族情感，体会不同民族文化从而提高对文化的洞察力，使得文化交流更顺畅。

归化和异化的争论困扰了学者们很多年，到底是采用归化还是异化最终取决于翻译目的和目标读者。笔者仅从文化传播这一角度探讨了异化翻译。从长远角度出发，保持异域文化色彩的语言会慢慢渗透到读者意识当中，使其被理解并逐渐得到认可和传播。在面对文化差异，面对实实在在的矛盾的时候，翻译要解决的问题就是如何看待不同的文化，又怎样去传达不同的文化。而作为一名合格的翻译工作者，不应倾向某一方，牺牲另一方的利益，而是要不偏不倚，努力促进沟通和交流，真正为文化的交流与传播架起一座桥梁，让世界更多地了解中国的文化，也让中国对世界有一个清晰而全面的认识，让翻译真正成为一扇交流的窗口。

第二节 归化与异化翻译在中国文化对外传播中的应用

随着跨文化交际日益加深，科学、文化、经济等各领域的对外交流广泛开展，中国的翻译行业在推动中国文化走向世界和借鉴国外优秀文化成果中的地位和作用凸显。这对于翻译工作者而言既是机遇，也是挑战，恰切地运用翻译手法，不断提升中国文化外翻质量至关重要。从文化差异的角度划分，翻译手法分为归化翻译和异化翻译。很多学者对此进行研究，其论述主要集中在归化与异化理论和翻译效果分析上，为归化和异化的相关研究奠定了理论基础。本节试图以文化差异为切入点，通过对诸多案例的分析与总结，梳理出共有的规律。

一、归化和异化理论归化

归化就是在翻译文本时尽量考虑读者，使其便于理解。Schleiermacher 指出：“最大限度地使作者向读者的思想靠近，不干扰读者。”也就是说，归化翻译法更强调翻译文本与目的语的表达理解一致，践行读者感受先行原则，致力于使读者轻松地理解文章，而非强行向读者灌输别国的文化内涵。这种翻译方法的好处在于读者能无负担、以自己熟悉的方式理解他国文化；弊端是源语言文化的专有词汇难以在目的语中找到相应的表达，只能以注释的方式呈现，无法在目的语中固定下来。

相反，异化翻译强调使读者尽量地靠近作者，好处在于尽可能将读者带入原文的意境中去，最大限度地保持原文的文化色彩。不仅使读者对于源语言文化有所了解，也达到了推送源语言词汇迈向其他文化的目的。其缺点在于译文与读者的理解习惯不同，加重了读者的理解负担，从而产生交流障碍。

总体而言，归化翻译与异化翻译的出发点不同。在《译者的隐形：翻译史论》一书中，将“作者适应读者”称为“归化翻译”，即以读者为中心。而将“读者适应作者”称为“异化翻译”，即以作者为中心。在中国文化对外传播时，要根据具体情况，合理利用两种翻译方式。①

---

① 赵丹，薛轶.归化与异化翻译在中国文化对外传播中的应用[J].中国冶金教育，2021（04）：116-118+124.

二、物质层面翻译

（一）颜色翻译

颜色是日常交往中常见的符号。从表面上看，颜色不会造成文化差异和误解。但深入挖掘发现，各民族对颜色的理解并不相同。颜色不仅仅代表客观物质的色彩属性，很大程度上承载着文化认知和价值观，并在中西文化交流中发挥着不可忽视的作用。在翻译颜色时，译者不能只关注其表层含义，更要注重颜色背后的文化内涵。

例如红色，中国人将其与太阳联系起来，火红的太阳就好似熊熊的火焰给人们带来希望和光明。以此为基础建立的红色，其代表着喜庆、富贵、权势、幸运和顺利等积极含义。在西方，红色在很大程度上代表着血腥、暴力、危险、警告和污秽等消极意义。这种对颜色内涵理解上的差异要求译者进行翻译时深刻把握颜色背后的文化差异，恰当利用归化和异化的翻译手法，将中国概念传播出去。

以《红楼梦》的书名为例，英国人霍克斯采用归化的方式，将其译为"Dream of Golden Days"，就是将红色改为金色。这种翻译方式，虽然能使读者明白书名的主要含义，但很难凸显中国红色的喜庆和富贵之意。于是，杨宪益先生在翻译时将其译为"A Dream of Red Mansions"，直接让读者去猜测红色的宅院里会有怎样的梦，使读者对红色充满了好奇，也对红色有了感受。这种异化的方式，不仅保留了中国颜色的内涵，而且将其有效地传递给了异国读者。

再如，白色在中西方的理解也相差甚远。白色在中国文化中意味着死亡、阴险等消极含义，办丧事的时候，要求后辈为逝去的亲人披麻戴孝，孝服、孝布以及祭奠用的花都是白色。白色在西方人眼中却代表着纯洁、无暇等积极的含义，在婚礼上，新娘穿白色的婚纱，代表婚姻和爱情的圣洁。在中国，五四运动之前，国人结婚还崇尚红色，最常用的就是凤冠霞帔，穿白色衣服是绝对禁止的。到了20世纪初期，白色婚纱开始在中国亮相，并渐渐融入中国的婚礼文化。

《红楼梦》中有这样一句话，"探春没听完，已气得脸白气噎"。霍金斯在翻译时，巧妙地采取异化的方式，在翻译完探春脸色变得发白即 Tan-chun got white 之后，又解释说明了脸色变白的原因，即"Anger deprived her of her breath"。异化翻译不仅保留了颜色词的中国内涵，更使异国读者理解到其中的意味是生气到极点，毫无血色之意，为外国读者了解中国文化提供了可能。

（二）饮食翻译

互赏美食是中西方各族人民沟通和交往的有效方式。对美食进行翻译却并不容易。这不仅因为中国各大菜系名称多样，更由于美食名中蕴含着丰富的文化内涵。

中国很多菜肴以历史人物或者菜肴创制者的名字命名，如"太白鸭"。翻译时，不能仅仅音译为"Taibai's duck"，这不仅无法让外国人了解这道菜是什么，更无法传递菜肴中蕴含的中国文化。因此，很多译者采用异化加注释的方式，将其译为"Taibai's duck(steamed duck，named after Li Bai who was a prominent poet in earlier Chinese)"。不仅说明了菜肴的做法，更传递了中国名人的相关信息，起到了推动中华传统文化走出去的作用。

还有一部分中国美食是以吉祥话命名的，如赵丽蓉小品《打工奇遇》中的一道菜，是以萝卜为原材料制成的，被命名为"群英荟萃"。再如，"翡翠虾仁""玉兔馒头"。翻译这类菜名时，也完全可以用异化加注释的方式，将"群英荟萃"翻译为"A carrot stew(with different kinds of radish as raw material)"，将"翡翠虾仁"翻译为"Shrimp with green vegetables"，将"玉兔馒头"翻译为"Rabbit-shaped Mantou"。这样，清晰地展示了制作菜品的食材和菜肴的文化特色，在品鉴美食的同时，促进了中国文化的传播。

三、精神层面翻译

以上是从物质文化层面说明中国文化外译时采用异化翻译是适当且有效的，接下来，再从"精神文化"层面进行阐释。

（一）诗词翻译

诗词深刻展现着中华文化的思想和价值观，对于它们的翻译，更要恰当地使用归化和异化，确保其不流失文化内涵。

例如，《桃花源记》中写道"复前行，欲穷其林"。林语堂将其翻译为：He went further to explore，通过两个动词的连用，表达出陶渊明对于所见的继续探求之情。特别是对"穷"的处理，林语堂没有将其译为：He went again and wanted to walk through the forest，而是用归化的手法，省略部分内容，仅用了五个词，却传达出密林幽深、没有尽头、需要继续探索之意。

在翻译杜甫的《春望》中"烽火连三月，家书抵万金"的诗句时，许渊冲没有将"三月"和"万金"这样的虚拟数词直接翻译为"three months"和"twelve thousand pieces of gold"。而是采用了归化的方法，将"连三月"处理为"gone higher and higher"，将"抵万金"翻译为"are worth their weight in gold"，诠释出杜甫在国破家亡时深切的感伤之情。许老的处理方式以读者的理解为重，使读者真切感受到作者对于国破家亡的愤懑之情，虽然没有逐字翻译，但还原和加深了原文的情感。

屈原在《离骚》中写道："伏清白以死直兮，固前圣之所厚。"杨宪益先生将其处理为：To die for righteousness alone I sight, for this was what the ancient sages taught. 屈原在诗中表达了一种对国家的奉献、热爱誓死追求高尚情操的感情，诗人特别强调古人所赞赏的正是保持清白、坚守正道的正义品格。杨宪益先生在翻译时，深刻理解了此话当中"厚"表示"赞赏"之意，没有执着于文字的表面对应，而采用归化手法，将其转化为"taught"，就是谆谆教诲，这一处理不仅便于外国读者理解，更保留了中国文字背后的深刻内涵，一举两得。

（二）语录翻译

中国文化的精微之处，不仅体现在诗词中，还体现在今人的语录中，毛泽东和习近平的语录是其中最具代表性的。两位领袖的语录不仅鲜明地展现了中华民族从古至今流传下来的美好品德，更采用了极接地气的表达方式。对语录的翻译，更要使用好翻译技巧。

例如，毛泽东主席在《实践论》中有一句脍炙人口的话："吃一堑，长一智"。这句话表达的是要吸取历史教训，不能重蹈历史覆辙。钱钟书先生将其翻译为：a fall into the pit, a gain in your wit。这样的归化处理，没有刻意死板地将原文的"吃""长"翻译为"eat"或者"get"，而是通过理解其中的思想，将深层含义准确、工整地表达出来，易于西方读者理解，更重要的是保存了毛泽东语录的智慧。

再如，习近平主席在与时任联合国秘书长潘基文会面时，针对当时国际政经背景下层出不穷的热点问题说了这样一句话："按下葫芦起了瓢。"这句话的含义是指一件事还没有解决，另一件事又接连而起。如果按照字面直译为：Push down the gourd and scoop up，外国读者因为不知道"gourd"和"scoop"的特殊意义，很难理解此句的含义。因此，针对此问题，在《习近平谈治国理政》的英译版中，此句被翻译为：tackling one problem only to find another emerging。这样巧妙的归化处理最大限度地保留了习近平用语的精髓。

中西方文化如同磁铁的两极，有着巨大的差异。这些差异在颜色、饮食、诗词和语录方面均有体现。由于颜色和饮食属于表层的物质文化，在翻译时最好采用异化方式，这样不仅不会在理解上造成太多障碍，又能贡献中国独具特色的表达方式。诗词和语录的翻译，由于其中蕴含着深层的精神文化，如果用异化的方式，会因为理解上的误差，造成中国文化传播受阻或被歪曲，所以以用归化更为适当。归化能以西方读者熟悉的方式表达中国文化，减少误解，在促进理解的同时将中国文化的内涵有效地传递出去。在文化传播中，归化和异化的灵活运用对于译者十分重要，需要分析中西文化的特质、翻译目的及读者情况，恰当使用两种翻译手法，促进中西文化交流，推动中国文化走向世界。

第三节 归化异化策略的实践应用——以《权力的游戏》台词翻译为例

自进入 21 世纪以来，随着经济的发展与开放程度的加深，我国与各国家、民族之间的文化交流也变得更加频繁和深入。同时，西方国家（此处主要指英语国家）文化也更多地"走进来"，走入了寻常百姓家。各种社交媒体、视频网站的兴起使得越来越多的中国群众接触到外国文化，比如英剧、美剧等。在这样的历史大背景下，英译汉活动的重要性愈发凸显。

在频繁的英译汉活动中，译者必须准确运用翻译技巧或策略来处理语言差异性和文化差异性问题，使译文符合译入语国家的表达习惯，同时完成文化传播的使命。其中，"归化"（domestication）和"异化"（foreignization）是两种常用的翻译策略。"归化"策略是指"恪守本族文化的语言传统，回归地道的本族语表达方式"。"异化"与"归化"相对，"指在翻译方法上迁就外来文化的语言特点，吸纳外语表达方式"。例如，译者在翻译"谋事在人，成事在天"时，若采用"归化"策略则译为"Man proposes, God disposes"，若采用"异化"策略则译为"Man proposes, heaven disposes"，前者则更符合译入语的表达方式。

一、《权力的游戏》简介

《权力的游戏》改编自美国作家乔治·R.R. 马丁的奇幻小说《冰与火之歌》七部曲系列，是一部中世纪史诗奇幻题材的美国电视剧，讲述了在一个虚构的大陆上，割据领主互相争斗、问鼎天下的故事。这部电视剧播出之后收获了无数粉丝，也斩获了许多奖项。当然，由于该剧有大量的家族名、人名、地名，历史背景、空间背景、人物关系错综复杂，许多观众在看第一季时很难理解庞杂的人物关系，这时，字幕翻译就显得非常重要。

除了字面意义，字幕翻译也应该准确传达出原剧的历史背景，特别是专有名词的翻译。因此，译者必须在"归化"和"异化"之间适当取舍，把握好翻译的"度"。

二、"归化"策略的使用

由于目前该剧并没有官方版本译文，很多译文都是由网络字幕翻译组翻译的民间版本，质量参差不齐。笔者认真研究了几个版本的字幕翻译，发现从总体上来看，"归化"比"异化"使用得更为频繁。也就是说，字幕组尽量使用了具有中国文化色彩的词语来翻译英文原文，使译文读起来更加生动、地道。

例 1："Everyone who isn't us is an ene-my."译文："非我族类，其心必异。"例 1 可以直译成"不是我们的人就是敌人"，但字幕组将其译成了中文的一个习语，此处"族类"是指剧中七大家族之一的兰尼斯特家族（the Lannisters），即皇后（说话者）的家族。例 1 译文意思准确，符合说话者的身份，同时短小精干，读起来朗朗上口，让中国观众一目了然、印象深刻。这是非常典型的"归化"策略，使用该策略翻译出的译文表现力较强，易于为读者所接受。

例 2："I drink wine and know things."译文："我喝杯中物，知晓天下事。"这句话颇有意思，原文很短，用词也较为简单，但译文似乎有"化腐朽为神奇"的力量，让笔者印象深刻。说话者是一个常年饮酒作乐，看上去不学无术却颇为睿智的人物，他虽然几经起伏，却一直保持乐观，说话风趣且不失道理，观众都认为他是剧里的"脑力担当"。"杯中物"和"天下事"符合该人物诙谐的口吻，这种对仗形式也非常符合中国人的审美。译者如果把原文译成"我喜欢喝酒，也知道一些事情"，那么译文逻辑会有一些牵强，表达也较为平淡，无法很好地刻画出说话者的性格特点。

例 3："Too easily words of war become acts of war."译文："往往 / 小心一语成谶。"这是剧中北境史塔克家族（the Starks）（七大家族之一）在讨论是否打仗时，其中一位智者说了例 3 这句话，原意是劝说大家不要轻易打仗。原文的正常语序应该是"Words of war too easily become acts of war"，为了强调"too easily"，说话者改变了语序。字幕组如果将其直译为"口头说打仗往往会真的打起来"，就没有强调的作用了。字幕组采用"归化"策略，将其译为"一语成谶"，意为"无心之说可能会成为事实"，是偏书面的表达，十分契合说话者的身份。

三、"异化"策略的使用

除了大量对话，该剧的另一个特点是专有名词较多，包括人名、地点名、家族名、怪兽名等，而这些都是文化特色的体现。字幕组在进行翻译时，需要考虑如何处理这些具有文化底蕴的词语，合理运用"归化"与"异化"策略，或者将二者相结合。如在翻译地名时，大多数字幕组没有完全采用音译法，而是保留了单词的指称含义，如"Winterfell""Kings' landing""Mistwood""Iron Island"分别被译成"临冬城""君临城""雾林城"和"铁群岛"。

这些译文具有强烈的异域风情，中国观众在观剧时也能快速了解这些地名的由来和含义，不会感到一头雾水。其中，"Kings' land-ing"的译文"君临城"尤为精妙。一方面，译文交代了这个城市的核心位置，是七国的都城、君王所在之地;另一方面，中国古代就有"君临天下"的表达，该译文能引起观众的共鸣，可说是"归化"与"异化"策略相互融合的典型例子。

除了地名外，字幕组在进行人名翻译时基本采用的是音译法，是"异化"策略的体现。如"Lannister""Stark""Greyjoy"被译为"兰尼斯特""史塔克"和"葛雷乔伊"。除了有特别意义的人名，不管是英译汉，还是汉译英，"异化"都是第一选择。

四、"归化"与"异化"的文化传播作用

从以上分析可以看出，译者在进行字幕翻译时，不能一味地、没有区别地使用"归化"或者"异化"。在翻译日常对话时，译者应更多地使用"归化"策略;而在翻译专有名词（如人名、地名、家族名、怪兽名）时，译者应更多地使用"异化"策略。这是因为，中西方虽有较大的语言差异、文化差异，但大多日常生活对话或者场景却有相似性，通过生活琐事反映出来的人生哲理也大抵相同，译者把这些普遍的道理用更符合中国观众表达习惯的形式表现出来，能在较短时间内表情达意，也符合字幕"转瞬即逝"的特点。这是"归化"的原理。

至于人名或者地名，它们也可以看作是一个特殊符号，主要起指称作用，区别于其他人物或者地点（有特殊意义的除外）。译者采用"异化"对其进行翻译可以保持原剧的异国色彩和独特的文化习俗，让观众感受到异域风情，有新鲜感

和好奇感。而且，地名和人名都是基于其独特的文化背景产生的，译者若硬采用"归化"，可能会导致译文晦涩难懂，使得观众无法产生共情。

从字幕翻译可以看出，文化内涵较深或具有独特文化、历史性的内容更适用于"异化"策略；有一定文化内涵，但在译入语中可找到对应性表达的适用于"归化"策略。比如，除了人名、地名之外，译者运用"异化"策略对饮食文化词汇进行翻译的例子比比皆是，如"marinara sauce"（意式番茄酱）、"cookie dough"（曲奇冰激淋）、"pretzel"（椒盐卷饼）等。译者使用"异化"策略对外国饮食文化词汇进行翻译，能够保留源语文化元素的特点，体现原汁原味的异国文化风情，让中国读者领略到跨文化的魅力。。

在全球化进程中，各国文化碰撞和交流日益增多，而英译汉活动是外国文化传入中国的重要手段，译者在进行翻译时需要使用正确的策略和技巧。在翻译具有文化特色的内容时，译者会频繁使用到"归化"与"异化"策略。

通过对热播剧《权力的游戏》英语字幕翻译的分析，可以看出，在日常生活场景中，如果中外文化差异性体现得不是很明显，译者采用"归化"就能传达原文的意思；而对于涉及较多文化因素的内容，如人物、地点、地方特色饮食、谚语、习语等，译者可以多运用"异化"策略，如有需要，还可以适当添加注释，帮助读者更好地理解原文。总体而言，译者在进行翻译活动时要适度使用"归化"与"异化"策略，尽量避免极端"归化"或"异化"的情况，这两大策略不是绝对对立的，适度融合反而能创作出生命力旺盛的译文。①

---

① 曾真.论"归化"与"异化"策略在英译汉中的文化传播作用——以《权力的游戏》台词翻译为例 [J].英语广场，2021(25)：48-50.

第六章 翻译对文化传播的作用

第一节 外宣翻译对跨文化传播的影响

在全球化的影响下，我国加强了与世界各地的联系，在文化、政治、经济等方面的交流日益频繁，学习多元文化和提高跨文化交际能力是我们与世界交流的桥梁。而随着我国国情的需要，跨文化交际的作用越来越突出，跨文化交流的过程中最重要的部分就是外宣翻译。通过外宣翻译，可以将不同地区的文化引入国内，也可以将中国文化更加顺利地传播到其他地区，增强世界影响力。

一、外宣翻译的内涵和意义

新中国成立后，我国外宣事业实现了蓬勃发展。中国对外传播学的奠基人沈苏儒表示，外宣传播的实质是进行跨文化的交流和文化传播。对于中国来说，外宣翻译其实就是在全球化背景下进行的一种以传播中国文化、让世界了解中国为目标的，通过各种媒体途径，以外国群众为对象的文化交际活动。每个国家都有自己的文化，中华文明有着 5000 年的历史，文化底蕴非常深厚，而如何让世人更加全面、深入地了解中国，这就需要用文化来传递文明内核。因此，外宣翻译在此过程中起到了十分重要的作用，其任务就是将本国的文化语言翻译成别国可以理解的内容来让世界了解中国，同时进行文化输出。

二、外宣翻译的作用与影响

（一）外宣翻译的作用

在对外进行文化交流时，外宣翻译更是不可或缺的部分，人类受到自己所处环境和文化教育的影响，会形成一定的思维方式和文化心理差异，并且这种思维方式和文化心理差异相对固定。在跨文化交际中，人们常会受到思维方式和文化心理差异的影响，从而使双方交流产生障碍。尤其是在跨文化传播的过程中，如果我们在对外宣传时不能按照别人的语言以及思维习惯进行翻译，那么翻译出来的内容很容易出现歧义，甚至有可能导致别人对我国文化产生误解，不利于自己国家文化的输出。所以，外宣翻译十分重要，是中国文化输出和传播的重要途径，也是让别国认识和了解中国历史文化、民俗风情的重要渠道。

（二）外宣翻译的影响

语言是人类重要的交际手段，大家通过语言交流来获得信息，表达情感。因此，大家往往比较重视语言交际，从而忽视了非语言交际。在非语言交际中，最重要的一个部分就是书面语言，那么如何通过书面语言进行跨文化传播，这就需要外宣翻译的帮助。通过外宣翻译，将本国的文化用别国所熟知的语言习惯和文字表达出来，提高别国对本国文化的接受度，从而使他们加深对本国文化的了解和认识，更好地进行跨文化传播。例如，近年来我国开始掀起了绿色旅游和红色旅游的热潮，但是如果直接将其直译成"green tourism"和"red tourism"，外国人肯定是无法理解的，这就需要我们在对外宣传中对专有名词进行更准确的翻译。因此只有将其翻译为"ecological tourism"和"revolutionary tourism"，才能让外国人更好地明白这两种旅游的真正内涵。

三、外宣翻译在跨文化传播中的特性

（一）政治性

实际上，外宣翻译不仅牵涉文化交流层面，更涉及政治层面。通过外宣翻译可以树立国家对外的面貌和形象，因此，外宣翻译不可避免地会受到所在国家和政府的压力和关注。并且，在一些独裁国家中，外宣翻译被完全地政治化，完全就是国家文化输出及对外宣传的重要渠道，并没有自主性和独立性可言，因此在翻译时会受到政治因素的极大影响。而在一些民主国家，则相对自由和公平一点，外宣翻译就像一面镜子一样是一个国家政治、历史、文化的缩影，并帮助国家改正自己的不足，促进国家进一步发展。例如，在历史上，人们最早对"南海"的描述，起初都是采用直译的翻译原则，相应地译为"South Sea"，但是，随着中国国际地位的上升，这种具有中国地域的词语都开始被译为"The South China Sea"，尤其在对外宣传纪录片《南海》中进一步体现出来，"南海也是古代海上丝绸之路的必经之地"的外宣翻译则为"The South China Sea also offered the only passable route along the Maritime Silk Road",这种翻译被认为恰如其分地维护了国家主权不容侵犯的尊严。

（二）准确性

俗话说得好，细节决定成败，尤其是在做事过程中不注意一些细节方面的问题，极有可能导致做事效率和质量下降。尤其是外宣翻译这样一种具有特殊性和重大责任的工作，更多时候代表的是本国的形象，如果在外宣翻译的过程中不注意细节，翻译不够准确，那么极有可能导致他人对本国文化形象的理解出现偏差，进而也会导致外国人在看中国人时出现一些误解，极其不利于跨文化传播。例如，在西方神话中，龙是代表邪恶的，而在中国，龙代表的是祥瑞，所以在翻译时一定要特别注意，如西方将东亚韩国、中国台湾、中国香港和新加坡称为"亚洲四小龙"，在翻译过程中就需要避免将龙翻译成"dragon"，而是要将其翻译成"Four Asian Tigers"。

（三）目的性和针对性

外宣翻译涉及了许多层面，所以必须进一步明确目的和针对性。首先，在外宣翻译时要明确具体传播对象、传播内容，这也是最基本的要求。其次，要科学精准地掌握外宣翻译的重点，对外宣翻译的重点内容进行深入推广，融合本民族文化的特点对文化进行快速输出，使其余国家更加客观、准确地认识我国文化，从而更好地进行跨文化交流合作。例如，在对中国传统文化进行翻译时，对于如何解释龙的精神一句"中国龙的形成与中华民族的多元融合过程同步，在中国人的心中，龙具有振奋腾飞、开拓进取的寓意和团结凝聚的精神（The Chinese dragon was formed in accordance with the multicultural fusion process of the Chinese nation, to he Chinese, the dragon signifies innovation and cohesion.）"，我们就有目的、有针对性地把此句中"振奋腾飞、开拓进取的寓意"和"团结凝聚的精神"分别用"innovation"和"cohesion"进行翻译，简洁又明了。

四、提高外宣翻译质量的对策

（一）加强对多元文化的学习

现今的社会，信息化高速发展，网络已普及，实现了资源共享。因此，在外宣翻译的过程中，要促进翻译手段多元化，利用现有的资源丰富自己的翻译内容。尤其是在翻译民俗文化时，更要利用现代化多媒体技术，通过一些图片、文字、影像等各方面的资料对中国文化进行较为全面地了解，在进行外宣翻译时能够更加准确和科学地翻译我国文化的内涵和精髓。此外，不同地方的语言文化在结构和使用上都存在一定的差异，所以翻译出来的内容必须符合当地语言结构和文化交流的习惯，这样读者才能真正读懂翻译内容想要传达的意思，从而有效地避免在对文化进行外宣翻译时出现语义歧义的问题。例如，中国有许多典故和谚语，其中"鱼和熊掌不可兼得"比较经典，我们把这句谚语介绍到西方文化中时，必须按照西方的思维方式进行翻译，将其翻译为"A door must be either shut or open"或"You can't have your cake and eat it"，让外国人更好地理解和体会。

（二）加大对外宣翻译人才的培养力度

外宣翻译对翻译人员的专业性要求非常高，需要更加专业的翻译和语言人才参与其中，因此为提高文化外宣翻译的质量，必须加大对外宣翻译人才的培养力度。在培养翻译人才时，必须培养高技能应用型的专业人才，不仅要充实他们的专业理论知识和技术，还要加强对他们专业素养和人文素养的培养，主要可以从以下几个方面入手：一是加强学习和研究，当前社会处于信息化时代，不管是信息或是知识，更替速度是飞快的，因此一定要帮助翻译学者树立终身学习的意识，而这也是外宣翻译中的重要工作内容。翻译学者不能停滞不前，而是要不断地吸收新的知识，因为在文化发展过程中，其会随着时代潮流而融入新的内涵，如果翻译人才在翻译过程中不能及时地更新自己的知识库，那么将会严重影响文化外宣翻译的质量。二是要建立起多模式的培养策略。在文化外宣翻译过程中，积极发挥前辈学者的帮扶作用，根据每位年轻外宣翻译人才的具体情况，落实培养计划和目标，并找一些业务熟练、思想成熟、作风优良的老学者来带他们，做他们的导师，争取在较短的时间内，让他们尽快熟悉外宣翻译的模式和具体工作内容，快速了解外宣翻译的进度和特点，从而培养出一批高素质、业务能力强、有奉献精神、热爱中国文化的翻译人才。

（三）加大对外宣翻译的监察力度

在对语言的学习过程中，人们在跨文化传播中常常容易受到语用负迁移的影响。如果把常有语言规则和习惯套用到外语的学习中就会干扰外语学习，产生消极影响。因此，在进行外宣翻译时一定要加大对外宣翻译的监察力度，减少外宣翻译中语用负迁移对跨文化传播的影响，及时发现外宣翻译中存在的问题，在翻译过程中尽量使用外国人的思维方式和语言习惯，不能将自己本国文化的思维方式生搬硬套。此外，要加大对外宣翻译校对工作的检查力度，当完成一部分外宣翻译工作时要及时对翻译内容进行校对，因为在一篇翻译内容中出现一个错误的字或词语就有可能导致翻译内容发生变化，使文本产生歧义，产生不利影响。所以，我们必须加大外宣翻译校对工作的检查力度，不断提高我国文化外宣翻译的质量，为跨文化传播夯实基础。

随着社会的进步与发展，进行跨文化交际活动已成为一种趋势，而外宣翻译作为对外宣传中国文化的重要窗口，从宏观及微观两方面把握翻译过程，着眼于丰富文化的内容及形式，增强了文化软实力；服务于国家旅游产业发展，也促进了地方经济发展，势必对中国传统文化传承和发扬有着重要的意义。①

第二节　众包翻译对中国跨文化传播的作用

一、众包翻译的发展历程

众包翻译的雏形可以追溯至 20 世纪 90 年代美国电脑程序开发领域的"开放源代码运动"（Open source Move-ment）。"开放源代码运动"是互联网时代人类社会一次了不起的生产方式变革，其核心是人类智慧结晶的分享和共同创造。正是这场技术领域的革新，催生了另外一种人类发展史上前所未有的劳动组织模式——众包（Crowdsourcing）。2006 年 1 月，杰夫·豪在《众包崛起》（*The Rise of Crowdsour-ing*）一文生动具体地描述了美国众企业包生产的实例，并首度提出了互联网众包这一概念。

众包是大众（crowd）与开放源代码（open source）两种概念的整合。事实上，早在 21 世纪初就已经出现采取众包方式生产的组织机构。这些机构可以不再长期雇佣大批雇员，不再购买劳动必需的生产资料，如：办公场所、桌椅板凳、办公文具和各种电子设备等，也不必为员工购买保险或发放退休金，极大地节约了生产成本。与此同时，生产规模却似乎可以无限扩大：只需要通过互联网公开发布工作需求，便可以召集零散的、具备一定技术的人员共同完成某个项目。

这些人员可能遍布世界各地，用网络相互联络，以此实现知识、技能、经验乃至财富的无国界交流共享。因此，程序开发领域的众包模式，通过互联网产生

---

① 粟千.外宣翻译对跨文化传播的影响 [J].旅游纵览（下半月），2019(22)：231-232.

广泛影响，使一些传统行业纷纷开始采用众包模式组织生产，翻译领域也在其中。

在我国，学界早在 2012 年开始关注众包翻译现象，并试图定义众包翻译模式。随后，又有学者对其运作规律、市场价值以及整体状况进行了详尽、科学的分析描述，探索了众包模式下翻译技术的拓展与翻译平台的开发运用以及众包模式对翻译行业所产生的影响及其未来趋势。纵观我国众包翻译的相关研究成果，其似乎更侧重于这一模式现实上的可行性与技术上的可操作性，即众包模式的工具属性和经济属性。但是，探索众包翻译活动的社会属性，特别是众包翻译对跨文化交流以及社会文化发展的影响也是十分必要的。因此，本文旨在通过梳理众包翻译在我国的发展轨迹，分析众包翻译模式的基本特征，探索众包翻译现象对我国社会文化的影响，尤其是众包翻译对中华文化跨文化传播（cross-cultural communication）的意义。

二、众包翻译的初级形式

在我国，一直处于吸收外来文化前沿的翻译领域于 2001 年左右出现了众包翻译模式（crowdsourcing transla-tion）。有意思的是，我国的众包翻译并非"人为设定"的产物，诞生于大企业或者学术科研机构，而是在虚拟空间中首先自发形成"众包译者社区"（crowdsourcingtranslation community），然后其商业价值才获得应用。众包社区由数量庞大的痴迷于翻译实践和外国语言文化的爱好者自愿组成，其中影视剧字幕组是典型的众包翻译形式。

以美国和英国的影视剧为主，字幕组自发传播、翻译了大量未经正式引进的外国视听资源，包括电影、电视剧集、纪录片和其他一些电视节目，同时也转载翻译了大量影视剧新闻报道。翻译的主要形式包括字幕翻译（subtitle translation）、听译（transcription translation），以及传统的文本翻译（text translation）。国内兴起较早并且比较知名的字幕组有：TLF 字幕组、人人影视（YY-eTs）、伊甸园、风软字幕组等。字幕组翻译社区是我国众包翻译的早期形式，比较具有典型性。该模式在一定程度上填补了文化产品的市场空白，为喜爱甚至痴迷外国影视剧的中国网民提供了新型休闲娱乐方式、多样的视听选择、丰富了民众的业余生活。

通过观察以字幕组为代表的众包翻译可以看出：在源语文本的选择上，众包译者自身的兴趣是关键因素。他们通常按照英美影视剧播出的票房、收视率排行榜选择最新、最热门的电影或电视剧集进行译制。英美国家的许多电影 DVD 光碟以及电视节目都自带英文字幕，原本是为了便于源语国家的听力障碍以及语言障碍人士观看，并非为中国观众制作。影视剧制作过程中考虑到某一受众群体的特殊需要，体现了西方社会对少数群体的人文关怀。影视剧自带的字幕是最基本的源语文本，其他的源语来源包括字幕组录制的视听资源和转载的各类原文文本。

这类众包翻译活动目的通常包括：欣赏制作精良国内却没有的外国文化产品；学习纯正地道的语言；通过无偿发布翻译作品与人数众多的其他爱好者进行交流。众包译者群体可能包括职业翻译（professional transla-tor），但更多的由非职业翻译（non-professional trans-lator）组成。尤其需要注意的是，这些译者都是兼职译者（part-time translator），即使没有受过任何翻译训练，只要具备一定语言能力，有兴趣和时间便可参与翻译。字幕组所有译作免费发布，没有明确的翻译服务对象，也不需要对任何服务对象负责。

业余译者对专业翻译标准，如译文质量的基本要求：信、达、雅，或者忠实原文、术语统一、行文通顺等很可能一无所知，因此不会遵守相应的翻译标准或规范。字幕翻译有相对简单的要求：必须考虑观众对字幕信息的处理能力；字幕必须与音频同步且不得超过两行等，然后经组长审阅便可发布。由于语言能力有限，众包翻译作品不时出现"闹笑话"的情形，如误译、漏译、译文不规范、不严谨，甚至油滑鄙俗等。译文质量和版权争议是众包字幕翻译颇受诟病之处，然而，尽管没有任何物质条件激励，追剧的新奇感受、翻译知名剧集的成就感、来自署名作品对译者身份的认可等因素促使一批又一批众包译者持续进行了大量视听资源译制，引起了社会关注，形成了一阵西方流行文化的持续热潮，而传统单人或多人协作的翻译模式将难以在如此短的时间内做到。

三、众包翻译的高级形式

通过考察众包翻译的初级形式，不难看出众包翻译是一种集体翻译模式，它将原本由公司或机构完成的部分翻译任务，拆分成若干更小的单元，通过公开招募的方式，分发给人数众多但不确定的兼职译者，集体同步翻译，然后将翻译完毕的小单元依次整合成完整翻译作品的工作模式。众包译者可能达到几百甚至上千人，并且能同时翻译多个项目。世界权威的专业翻译组织"国际翻译工作者联合会"（International Federation ofTranslators）将翻译领域的众包现象定义为"大量业余、专业，或二者兼而有之的双语人群通过自愿或者收取一定报酬的方式同步，而不是按前后次序完成翻译"。

众包翻译对计算机、互联网等硬件设备和信息化技术的依赖程度非常高，没有设备和技术支持无法实现。众包翻译较历史上其他翻译模式有不少优越之处：能够迅速组织零散的翻译资源；效率高，能在极短的时间内完成某一个翻译项目；能够规模化地生产数量较多的翻译作品。出版业、语言服务业、传媒业等专业领域开始应用这种模式，这代表着众包翻译发展到了一个更高级的阶段。2007 年3 月 28 日，"传神辅助翻译及管理平台"通过权威鉴定，标志着我国出现了新型的众包翻译模式——众包翻译平台。传神网是我国第一个以翻译机构为中心、以翻译规模化为目的开发的基于互联网技术的协同翻译处理平台。其他较为完善的众包翻译平台包括专门化的语言服务机构，如语联网、有道翻译、Flitto 翻译通、人人译；数字化出版平台，如纤阅网、译言网，以及大型网络公开课平台，如网易公开课等。

想要了解众包翻译的高级形式，就必须了解其所处的行业背景。在经济和信息全球化的过程中，国际化机构和跨国公司外包给第三方的部分业务，很大一部分由我国各种产业承接，其中就包括与多语言信息转换有关的业务，如翻译服务、本地化服务、语言技术工具开发、翻译培训、多语信息咨询等高端服务业，由此产生了新兴的语言服务行业。翻译需求在全球化进程中不断增长，翻译服务从过去的个体式、作坊式生产实现了社会化、市场化与规模化的蜕变，服务规模进一步扩大。同时，翻译行业的人才紧缺问题也极为突出。据《中国语言服务业发展报告 2012》统计，截至 2011 年年底，我国语言服务业翻译从业人员约 64 万，但获得翻译专业技术职称与翻译资格证书的总人数只有 6 万左右，仅为从业人数的 1/10。所以"目前全国从事翻译工作的主体是不具备任何专业资质的'业余翻译'或'兼职翻译'，不是'职业翻译'"。《中国语言服务业发展报告 2014》则称，"翻译服务企业 75% 以上的专职人员都集中在管理岗位，高达 61% 的企业将一半以上的翻译业务交由兼职人员来完成，甚至有少量企业全部翻译业务都转包给兼职人员"。因此，通过众包模式迅速增加翻译从业人员成为行业发展的必然趋势。众包翻译在一定程度上可以缓解语言服务业的人才紧缺问题，有效降低翻译或语言服务企业的运营成本，迅速扩大产业规模。

与传统的翻译机构相比，众包翻译平台不需要承担如学术研究、学科建设、行业管理、社团活动、人才培养、国际交流等职能，其社会功能被大大简化了。以互联网为基础的众包翻译平台技术已经非常成熟，可以运用大型数据库跨地域进行远程项目管理和质量控制，有较为严格的工作流程。目前，众包翻译平台的服务多以笔译为主，声讯中心式的众包口译服务还处于探索阶段。能够进行碎片化的文本翻译是众包翻译的显著特点，涵盖社科、政经、法律、科技、影视、文学等领域以及其他实务翻译类型，使翻译不再局限于完整的文本或单一种类，几乎无所不包。翻译语种不仅限于英语，也涉及其他多种语言，可以同时进行中文和外语之间的双向转化。众包翻译极大满足了林林总总、各式各样的社会翻译需求，也极大地扩大了翻译服务范围。众包翻译平台最初给人们留下的印象，仅仅只是企业为了减少开支、获得廉价劳动力的一种生产方式，是为了满足资讯或实现交流，并非是为了提供达到出版要求的高质量译文。众包译者的准入条件不高，其外语水平、翻译资格、从业经验没有硬性要求。译者的实际翻译能力更重要，通过试译即可参与翻译项目。众包译者群体也以兼职译者为主，呈现多样性的特点，正是兼职译者的水平参差不齐，造成了译文风格的差异性以及翻译质量的不稳定性。

随着翻译行业的发展，处于业内领先地位的翻译平台，出现了非职业译者向职业译者和语言专家（lan-guage professional）过渡的趋势，如传神网和有道翻译平台。某些平台开始强调译文质量，因此开始规范译员的语言能力、专业知识和翻译经验等影响翻译质量的主要因素，并且，开始采取措施评估监督译文质量。按照《翻译服务译文质量要求》的国家标准规定，"译文综合差错率一般不得超过 1.5%"。而译文质量按照使用目的可分为四类："一类作为正式文件、法律文书或出版文稿使用，二类作为一般文件和材料使用，三类作为参考资料使用，四类作为内容概要使用。"众包翻译最初没有严格遵守翻译行业规范，因此在译文质量、甄别合格译者、版权争议、保密性问题等方面招致质疑也就不足为怪了。另外，从长远来看，众包翻译在速度、规模、效率上的优势，是否能够弥补管理数量庞大的译员，以及修改业余译者的译稿所耗费的大量时间和精力也是值得深思的问题。①

四、众包翻译对于文化外译的意义

随着中国对外开放程度的提高，国际社会了解中国、与中国合作的意愿越来越强烈，但是中国的影视、图书、学术成果等当代文化产品在国际上的认可与接受程度却比较低。《中国翻译服务业调研报告》显示，截至 2013 年年底，有 64%

---

① 蔡彩，刘铁祥，屈冬春. 众包翻译对中国跨文化传播的作用 [J]. 英语广场，2019（05）：42-45.

的翻译服务企业中译外业务显著高于外译中，业务总量占一半以上，表明翻译服务市场正从侧重对内译介转向侧重对外译介。尤其值得注意的是，翻译企业所服务的首要领域主要集中在"制造业"与"信息技术业"，有关文化领域的"科学研究和技术服务业""教育""文化、体育和娱乐业"比例都比较低，也较为分散，其中还没有包括出版、影视、传媒等传统文化输出领域的译介状况。

翻译是跨文化交流的重要桥梁，是一国国际传播能力和文化软实力的基础条件和重要指标，直接决定文化传播效果。但是《中国翻译年鉴（2011—2012）》显示，截至 2011 年年底，中国在世界文化市场的份额仅占 4%，属于内容和创意产品比例不高的国家。这说明，我国应该继续加强中华文化的对外译介，努力扭转"文化赤字"，实现中华文化对外的"逆势传播"。

翻译的数量和类型受一定社会历史条件制约，翻译也必须满足其社会文化环境赋予的某种功能，因为翻译与文化是不可分割的。译文不仅要做到忠实原文、通顺，更应该表达出文化内涵。众包翻译很少涉及文化外译，多为"外译中"，即将国外文化成果"引进来"，其中不乏文化内涵低的内容（low cul-ture content），如自创视频、肥皂剧、粗制滥造的商业电影和通俗小说等，甚至是质量低劣的翻译作品，这在很大程度上是由于众包译者群体的非专业性和语言水平欠缺造成的。从文化角度分析，通过众包方式译入国外优秀文化成果值得肯定，但是如果片面译入外国文化，则会压缩民族文化的生存发展。另外，质量低劣的翻译作品更是造成了文化产品市场"劣币驱逐良币"的现象，如果大量翻译资源用于此途，则与文化的发展方向背道而驰。

在中华文化的对外传播中，译者是关键因素，而外译效果不佳，根本原因在于没有找到合适的译者，并非中国缺乏有世界影响力的作品。尤金·奈达论述文化之于翻译重要性时曾说，译者需要掌握两种文化才能做好真正出色的翻译，并且指出好的译文应该和原文的语言文化高度对应，才能使译语接受者获得与原文读者十分相似的体验。因此，从跨文化交流的角度来说翻译是文化的再现（culture reappearance），是把一种民族文化传播到另一种民族文化中。

如果缺少能够创作高水平翻译作品的译者，理论上应扩大范围，跨机构、跨领域、跨地域、跨国界搜寻译者，如通过全球译员库，找到能够创作出符合目标读者习惯以及译入语文化的译者的可能性则要更大，同时，找到满足特定历史时期翻译的译者人数也会更多，这正是众包翻译模式的长处。众包翻译模式跨国界（cross-border）、跨文化传播（cross-cultural communication）的性质使其可以在全球范围内公开招募合适的译者。也就是说，中国在现代化和全球经济一体化过程中需要翻译的作品，甚至可以通过众包平台邀请国外汉学家进行翻译，或者与中国译者合作翻译。

众包翻译的发展前景及其多语言功能会给中华文化外译带来便利，而其他的便利在很大程度上来自众包翻译的互联网优势，如互动式网络平台、多人在线合作、在线术语库和交流平台、译作随时可以获得译者以及读者的浏览、评阅、修改以及重新创作等。如此，翻译将成译者与读者共同参与的过程，有利于扩大传播效果，使中华文化翻译作品在世界范围内获得更多的认同感。脸书网（Facebook）、维基百科（Wikipedia）多语言版本的全球推广就是众包翻译的成功范例。众包翻译模式在文化"引进来"方面的范例已经不胜枚举，但是否能成为中华文化"走出去"的有效途径仍然值得探索。

新兴众包翻译模式的显著优势及其对翻译领域带来的革命性影响，以及对社会文化的重要意义已经无法被忽视。但是，正如科学技术的发展进步对文化可能产生"双刃剑"作用一样，众包翻译对于我国文化的影响，尤其是对跨文化传播的具体作用仍亟待探索。而如何将众包翻译模式应用于中华文化的对外译介中，进而缩小中外文化逆差，实现中华文化逆势传播，这是当前亟待解决的问题。

第三节　模糊翻译在文化传播中的应用——以陶瓷文化为例

一、模糊语言的定义和特征

（一）模糊翻译的定义

模糊语言学的研究起始于 20 世纪 70 年代末期，在早期研究过程中，重点内容主要集中在词语方面，对于模糊限制语功能等研究也处于基础层面，对于翻译理论缺乏指导意义。近年来，随着语言学不断发展，很多学者对于语言模糊性进行了深入探讨，开始将模糊语言学与翻译之间的关系渐渐呈现出来。总地来说，"透彻的理解"和"准确的表达"一直是译文翻译效果的衡量标准。在该项翻译工作开展过程中，相关工作人员需要对原文含义进行精确把握，只有这样，才能真正做到精确性表达。但如果处处都要求做到精确性表达，往往很容易产生更多蹩脚性质的译文。从实际翻译工作执行角度来说，尤其是在词语翻译之中，对模糊语言学理论的掌握显得十分重要，这主要是由于人们的语言本身具备模糊性特点，而且模糊语言也是人类复杂思想表达的主要途径之一，如果语言过于精确，便无法将实际丰富内涵呈现出来。为了更好地满足翻译目标，让模糊翻译显得更加深入，人们需要将翻译工作应用到实践操作之中，让模糊翻译将具体语言学特点呈现出来，在跨文化语言翻译中起到更好效果，促使跨文化交流工作朝着更好方向发展。

（二）模糊语言的特征

在具体模糊语言应用过程中，具备明显的不确定性、不精确性等特点，这也是模糊语言最为显著的特点之一。一般情况下，目标语言的特征及含义一般很难根据相关知识进行确定，也正是由于该种界限的缺失，引发了巨大的模糊性问题。总地来说，由于翻译人员不同，所展示出来的模糊语言特征也不同，这是个人不同风格的展示。例如，张培基先生在模糊翻译过程中，语言应用显得十分纯净、新颖，让翻译内容显得更加简洁。在实际翻译过程中，可以将自身透彻的理解融入其中，对中西方两种文化进行合理把控，让句子显得更加优美、娴熟。与此同时，在整篇文章浪漫色彩的汇聚上，主要以浪漫主义的主体展示为主，实现全文信息和功能的最大化再现。除此之外，在实际翻译风格的确定上，主要与文章格调息息相关，这也是每个翻译工作人员关注的焦点。

二、中国陶瓷故事与中国陶瓷文化传播

近年来，我国对外文化交流日渐频繁，这也使得主体陶瓷文化发展越来越活跃。我国很多城市中的陶瓷文化发展历史超过了千年，而在这种文化传承过程中，精准翻译工作的开展显得十分重要。该种翻译工作不仅是一项跨文化交际活动，同时还能将语言转换特点呈现出来，为文化传播和交融创造了有利条件。

（一）用中国故事传播中华文化

文化有很多定义，但人们最为认可的说法如下：文化是生活形态的展示过程。相关研究人员将文化概括成三种形态，即大河文化、海洋文化和草原文化。在美国，十分注重对外讲述美国故事，以美国好莱坞为例，不仅获取到更高的票房，还能通过电影，向全世界传递美国文化观念和思想。从这里也可以看出，美国的

文化输送取得了成功，这主要是由于电影中的美国文化成功被世界人民所接受，有些国家的年轻人甚至还高度认可美国文化，这对于美国文化的推广起到了间接的推动作用。在我国，很多人认为我国的文化太封闭、太老套，无法得到更多人的认可。为此，我国在文化传播过程中，需要对美国文化走出去发展战略进行学习。在我国，也同样存在很多感人、真挚的故事，人们需要从最平凡的故事之中提炼民族特色，将中华民族的文化资产发扬光大。

（二）以陶瓷故事为依托传播陶瓷文化

我国陶瓷文化汇聚了很多博大精深的文化内涵，这也是科技发展和文化艺术相结合的产物，使其成为中华民族发展的重要组成部分。在我国制作和应用陶瓷过程中，可以将精神文明和物质文明充分结合在一起，进而打造出完善的历史文化和民俗文化，为后续传承与发展创造了有利条件。

我国最早的瓷器距今已有一万年的历史，当时，原始部落人群开始将水和泥土混合在一起，制作成不同形状的容器，之后再将这些容器用火焚烧，最终形成了原始瓷器。总地来说，该种容器的制作，属于我国文明发展的起点，为生活方式的改变创造了基础条件。我国最早的瓷器出现在商周时期，成熟期为东汉年代，当时的瓷器主要以原始青瓷的制作为主，而且经过高温作用之后，青瓷要比原始瓷器更加坚硬。到了隋唐时代，我国政治、经济得到了飞速发展，制瓷工艺进一步完善，并出现了"南青北白"的基本发展格局。在南方，主要以青瓷生产为主，如越窑洞等等。在北方，主要生产白瓷，如邢窑。

整个陶瓷文化的模糊翻译，主要以故事描述为主线。我国陶瓷器型和风格多样，这主要是由于历史时期的不同，人们的审美情趣和工艺水平也不同。例如，在原始时代，陶瓷类型十分单一，主要以小口壶、碗类等形式为主。到了唐朝时期，出现了唐三彩原创研究等陶瓷形式，并展示出明显的多元化特点。唐代瓷器在制作过程中，能够呈现出丰满、圆润等特点，这也映射出唐代以胖为美的审美情趣。到了宋代，瓷器设计强调精致典雅，以及釉色之美，这也是宋代重文轻武社会形态的直接反映。从这里也可以看出，陶瓷器型发展和传播，与我国社会物质与精神文明发展存在直接联系，更是我国生活状态的直接反映。为此，我国可以借助于陶瓷文化讲述，向全世界解释我国社会的整体发展状态。

三、模糊翻译在陶瓷文化传播中的具体应用方法

（一）文化翻译视野中的模糊性

在翻译工作开展过程中，主要是将"转换"特点呈现出来，同时对一些重要的基本含义进行"保留"，进而实现源语和目的语的同种形式转换，确保源语意义之中的文化内涵得到充分保留，强化目的语的理解能力。因此，很多研究人员将"文化翻译"当作是"文化形象的转换"，或者是"文化形象的保留"。在具体文化翻译工作开展过程中，主要是对源语和译语的相互结合，之后再对其进行深入性分析操作，对两种语言文化进行对比。如果人们没有对译语的文化特点进行考量，按照字面意思进行直接翻译，也不对结构形式进行合理变通，进而会对译语的语境表达产生严重影响，甚至还会造成失误性理解。当然，如果人们无法将具体的源语的文化特点呈现出来，应用固有的文化表达形式，很容易导致文化思想观念受到曲解，让原有文化内涵得到抹杀。

（二）文化信息的承载

例如，在景德镇青花瓷制作上，该种陶瓷制作工艺属于现代工艺手段，更是明清两代制瓷艺术的本质性延续和完善。青花瓷在打造过程中，主要以素净的青花和光洁莹润的白瓷相称，虽然色彩炫目程度有限，但能够将清新典雅之感呈现出来。在青花瓷翻译过程中，具体翻译内容如下：green porcelain，blue porcelain，blue and white porcelain。在这些翻译之中，有的只能表现出瓷器的颜色，并无法将"青花"中的"花"呈现出来。而在 blue and white porcelain 翻译之中，除了"青"字之外，同时也对"花"进行了模糊性翻译，即 white。在该翻译中，不仅对青花瓷的颜色进行了保留，同时也是对绘画装饰工艺的一种全面性保留。例如，在"三彩"翻译过程中，"明素三彩三足炉"可以翻译成 Sancai tripod censer of Ming Dynasty。除此之外，三彩的常见译法还存在另一种形式，即 tri-color 和 three-color，上述两种翻译形式看似合理，其实均存在一些问题，这主要是由于"三"并不代表三种颜色，而只是色彩多的一种比喻。

（三）以模糊译模糊

从上述论述中可以看出，三彩在翻译过程中存在很多误解和歧义。在国外，主要是将唐三彩、辽三彩和宋三彩等等均称为三彩，但除了黄绿白之外，同时还会涉及一些其他种类的颜色，如蓝、紫、乌黑等等。因此，人们需要对三彩之中

的"三"采取模糊翻译形式，或者是以拼音将其译出。另外，在数词方面，应该以精确数量表达为主线，同样可以将模糊特点和不确定性呈现出来。在三彩模糊意义表达时，决不能对译语的精准特点进行充分表达，而是应该将源语之中的文化内涵保留下来，将模糊翻译特点呈现出来。

（四）以模糊译精确

例如，在太平窑翻译过程中，有的学者将其译为 Peace kiln。总地来说，太平窑的烧制要追溯到太平天国时期，当时，清兵为了抵抗太平军，将景德镇很多窑一起捣毁，以此来供应军需。到了同年八月份，太平军到达景德镇时，立刻帮助百姓重建家园，重新恢复陶瓷生产。为了纪念这一特殊日期，景德镇人民在每年的中秋节开始制造"太平窑"。从这里也可以看出，"太平"二字存在多重含义，除了表达对太平军的怀念之外，也包含着百姓对美好太平生活的向往。所以说，在实际模糊翻译上，可以将太平窑翻译为 Taiping kiln。

（五）以精确译模糊

例如，在实际"青花玲珑瓷"翻译过程中，该种瓷器属于景德镇的传统陶瓷工艺内容之一，具体制作时，玲珑瓷配以青花图案，这也是青花玲珑瓷名称的主体来源所在。在制作过程中，需要制作人员使用刀片在胚胎上进行镂刻操作，再加入相应的玲珑釉料，进而将青花装饰特点呈现出来。在具体入窑烧制操作时，主体瓷器呈现出半透明特点，这便是玲珑眼的形成过程，具体翻译内容为 blue and white pierced decoration。在实际翻译之中，pierced decoration 代表打孔操作，但该种翻译无法将青花玲珑瓷的特色展示出来。因此，在具体翻译过程中，应改为 biue and white with rice patterns pocelain。

综上，陶瓷艺术文化形式在我国的发展历史较长，属于我国传统文化内容范畴，人们可以借助模糊翻译，将我国的陶瓷文化传递到世界各地，吸引更多的国外人对中国传统文化进行研究。另外，在模糊翻译的作用下，可以对文化冲突进行处理，这对于保护我国传统文化的传承工作具备重要意义。①

---

① 李芦生 . 试析模糊翻译在陶瓷文化传播中的应用 [J]. 北极光，2019(10)：106-107.

第七章　外界媒介和文化软实力在文化翻译传播中的作用

第一节　新媒体在文化翻译与传播中发挥的作用

一、新媒体的内涵及在文化传播交流中发挥的作用

（一）新媒体的内涵

新媒体的"新"，是区别于传统的广播、电视、报刊、户外四大媒体的"新"，是一种依托新的技术体系，不断进行形态创新的媒介形态。在我们当前的日常生活中，微信公众号、微博、短视频、数字电影、数字广播、网路等，从广义上来讲，都属于新媒体。目前业界关于新媒体的研究百花齐放，尚未形成一个标准的定义被大家所认可，但是毋庸置疑的是，相比较于传统媒体，新媒体的特征是肯定的，即有价值性、原创性、效应性和生命力。此外，新媒体还具有交互性与即时性，海量性与共享性，多媒体与超文本个性化与社群化的特点。

（二）新媒体在文化传播领域的优势与作用

虽然新媒体顶着"新"的帽子，但是从当前媒体发展环境来看，新媒体已经成为主流媒体，例如，中国腾讯旗下的微信公众号已达2300万个，覆盖全国8亿微信用户；微博热搜已经成为中国热点情况的指南；看电影要看豆瓣、猫眼评分等。在这种情况下，探讨新媒体在文化传播领域的优势和作用是十分有必要的。

第一，开拓传统文化传播新途径。文化传播的途径会随着传播媒介的发展而不断拓展，从最初的烽火狼烟，到后来的文字信札，再到后来电报电话、广播电视、网络等，各种媒介都会成为文化传播的载体。新媒体的出现也不例外，而且其以量级发展的姿态极大地改变了传统文化传播的环境，对传播路径进行了极大的优化。

第二，丰富传统文化发展新形式。加拿大传播学者麦克卢汉曾将传播媒介在人类社会发展中的作用高度概括为"媒介即信息"，这指出了媒介不仅仅是一种文化传播的手段和途径，其本身也是一种文化。传统文化不是僵而不腐的，其是随着时代的发展而不断发展的，只有这样，才能持续地保持其生命力。新媒体的出现，丰富了传统文化发展的形式，使传统文化的传播有了更加生动的意义。

第三，创新传统文化传播新模式。文化传播模式，简单理解就是文化传播主客体之间的关系。传统文化传播中，社会公众只能作为被动的接受者，要想参与进来，需要很高的门槛，因为"把关人"的存在，在很大程度上就限制了文化传播的效果和速度。而新媒体的出现，则大大改变了这种局面，使得人人参与成为可能，任何人都可以在新媒体上发表自己的意见，虽然会存在良莠不齐的问题，但是毕竟瑕不掩瑜，这就使传统文化的传播模式得到了极大程度的创新。①

二、新媒体在文化海外传播与对外翻译中的实践应用——以中国茶文化为例

早在 4700 多年前，中国就有了茶，后代所著的《华阳国志》《僮约》等都有关于茶的详细记载，唐代陆羽编著的《茶经》，成为中国茶文化的重要著作。随着贸易的发展和文化的交流，中国茶文化逐渐向世界各地传播。由此，茶成为世界各地共同的茶。但是作为茶叶发源地的中国，其所孕育的独特的茶文化成为中国独特的象征，并深深地影响着世界。

（一）中国茶文化的思想内涵

中国是礼仪之邦，而茶就是中国礼仪的一个重要表现形式，茶文化也正是中国文化的重要组成。所谓茶文化，也就是通过种茶、制茶、采茶、沏茶、观茶、闻茶、品茶以及与茶相关的行为习惯表现出来的一种中国独特的礼仪、规矩和审美，并成为一整套文化现象。这种文化现象深深地烙印在普通百姓的日常生活当中。例如，我们经常可以看到家里来客人都会沏茶招待，待客人茶杯中的茶水不满时，主家要赶忙续水填满，这就是茶文化中待客礼仪的表现。茶文化形成的前提是种茶、饮茶，但是真正要形成茶文化需要文人和文化的参与。古往今来，以唐代陆羽所著《茶经》为代表，对中国茶文化进行了系统的总结，从中提炼出了精行俭德的茶道精神，教导人们崇尚淡泊明志、清静无为的人生追求，融入了三教并行

---

① 王璐.新媒体在中国茶文化中的传播和对外翻译中发挥的作用[J].佳木斯职业学院学报，2020，36（01）：174-175.

的哲学思想，彰显了其促进民族团结、爱国奉献、经济发展的社会功能。以上种种都是中国茶文化所蕴含的巨大的思想内涵。

随着中国进入历史发展新时期，茶文化的内涵也在不断注入新的活力，其表现形式也越发多样。新时期的茶文化不仅将现代科学技术融入其中，而且将现代新闻媒体和市场经济内涵融入其中；新时期的茶文化不仅在全国各民族的生活中繁荣发展，而且其国家化趋势和社会化趋势发展明显。新时期的茶文化不仅很好地继承和发扬了传统茶文化的内涵、思想、形式，而且在当代社会中不断地结合社会发展实际进行创新和探索。

（二）中国茶文化的海外传播

中国茶文化的海外传播，古已有之，日本的茶道、英国茶文化、韩国茶文化、俄罗斯茶文化都受到中国茶文化的影响。中国茶文化将世界各地喜欢茶的人联系在一起，而不分种族、信仰。新时期，中国茶文化在传统的基础上，不断开拓新的路径，积极利用举办展会、学术研讨会，通过国际贸易、孔子学院、新闻媒体等方式向海外介绍中国茶文化。随着新媒体的发展，实现了传播人群的多层次化、传播内容的充实化、传播生态的健康化。茶文化新的传播方式发展，提高了海外人士学习中国茶文化的质量，增强了中国茶文化传播的影响力。

（三）中国茶文化的对外翻译

中国茶文化在海外传播的过程中，因为自然条件、文化背景、民族习俗的差异，不可避免地会造成表达上的失误，而其显性表现就是语言翻译问题。中国文字和语言自成体系，除亚洲少数受中华文化影响的国家之外，西方国家并没有茶的概念，需要重新建立一套茶文化体系。从基本的词来讲，中国的"茶"单指茶叶、茶树，而在英语中，结合中国闽南语的特性翻译为"tea"，这种表达方式就产生了巨大的影响。从目前中国茶文化的对外翻译情况来看，因为文化差异的影响，出现了很多问题，如翻译标准的不统一，很多茶类名词的翻译表达无法合理地进行含义阐述；翻译技巧僵化，没有因地制宜，将中国文化体系和西方文化体系兼顾考虑进行翻译等。

三、新媒体在中国茶文化的海外传播和对外翻译中发挥的作用

互联网时代的到来，媒介发生了巨大变化，新媒体技术的快速发展带动了新

媒体传播方式的兴起。在新媒体时代，其能够充分发挥民间智慧，解决中国茶文化在对外翻译中的梗塞问题，全方位地进行海外传播。中国茶文化与新媒体相融合，已经成为中国茶文化海外传播与未来发展的大趋势。

（一）提高了茶文化传播的效率和质量

新媒体能够大大提高茶文化传播的效率和质量。茶文化传播，分为传播者、传播内容、传播速度和接受者四个主要方面。新媒体的出现，极大地扩展了传播者群体。在新媒体环境下，不仅有茶文化学者、专家，还有茶产业从业者，同时将基数甚广的茶文化爱好者囊括其中，使得茶文化的传播内容多视角、多样化，丰富了茶文化传播的姿态。同时因为视角的多样性，使得茶文化的传播内容更加丰富、直观、动态，质量也有所提高。新媒体技术的互动性、实时性极大地缩短了传播距离，提高了传播速度，从而使全球各地的茶文化爱好者获取茶文化信息更加便捷。同时也大大降低了茶文化接受者的门槛，让喜好茶文化的人能够更加容易参与进来。此外，新媒体通过资源优化配置的方式，使茶文化的传播更具智慧性。

（二）颠覆传统商业生态，开创茶文化传播商业新模式

新媒体的发展，使得茶文化传播的商业生态得以颠覆升级，电子商务这种新模式的出现使得茶文化产业链条更加健康发展。在电子商务这种商业新模式下，庞大的用户信息、产品信息、文化信息被集中在一起，通过茶叶及相关产品推广茶文化，又经茶文化的宣传促进茶叶及相关产品贸易的发展，形成良性的互动。在电子商务这种新模式下，茶叶种植、制作、营销、消费等各个环节被优化串联在一起，衍生出茶文化培训等相关产业，不仅延伸扩展了茶产业链条，而且更好地宣传了茶文化。

（三）优化茶文化对外翻译策略

传统茶文化对外翻译策略研究中，往往是专业人士就翻译技巧、文化差异等来进行研究，而新媒体的出现，则为茶文化对外翻译的发展打开了一扇大门。一方面，在茶文化对外翻译中，新媒体集合了广阔的民间智慧，使得专业人士、民间高人、国外茶文化爱好者等都能够参与进来，为茶文化的对外翻译出谋划策。另一方面，新媒体以其优越的传播速度可以将翻译的结果迅速地传达到市场当中，并能够得到市场的极大反馈。文化是群众的文化，在翻译的过程中，我们不能去试图教育群众，而是要向群众虚心地学习，听取民众的意见。而在新媒体环

境下，将民众的意见及时地反馈给翻译者，从而优化茶文化对外翻译的效果。

第二节　中国文化软实力构建中的对外翻译传播构建

经济建设成果颇丰的背景下，越来越多的人对文化软实力竞争力尤为看重。许多西方发达国家多年来致力于西方文化向第三世界国家的传播和扩散，而我国的文化软实力建设起步较晚，远远不能满足日益增长的经济效应发展，经济基础与上层建筑严重不匹配不对等，使得综合国力发展遭遇瓶颈，具体表现为欧美发达国家对我国文化的误读和误解，以及巨大的文化贸易反差。据统计，我国文化产业在欧洲的占比仅 4%，而欧美国家文化产品、媒体业在我国占比高达 60%，天壤之别的逆差不得不迫使我们重新审视文化对外传播的途径、力度与方式方法。翻译作为中外文化交流的主要纽带和桥梁，肩负着增强中华文化世界影响力的重担，因此，增进翻译人才的培养、梳理翻译各类体裁、打造多样化翻译传播方式时，兼顾传统性和现当代性尤为重要。在国家"文化走出去"方针战略指导下，着力研究对外翻译传播，推动文化产品和服务走出去，建设文化软实力，让我们的政治制度、价值观更有感召力、感染力、说服力和国际信誉，打造软实力同化性，使他国甘愿成我国文化传统的传播者，彰显大国风范。

一、对外翻译传播的重要性

翻译是中国文化对外传播的重要手段，通过外译，将中国特有的文化概念传播给国外受众，准确翻译文化术语，避免传播过程中产生的歧义，引发文化扭曲，使国外受众公平公正地接纳和领悟我国文化，这是每位译者肩负的历史重担，因为外译质量的高低，直接影响我国文化能否在国际舞台上树立良好形象。

对外翻译承载的历史责任重大，对当今社会指导意义颇重，对中外合作交流起决定性作用。全球化趋势越演越烈，文化冲击、文化融合、文化抵抗现象此起彼伏，面对强势文化冲击，我们要积极走出国门，开展文化输出，努力发声，以减少国外民众的误读误解，减少敌意，平等对话，认同多元文化发展，实现共存共荣理念。

二、对外翻译传播主要途径方式

随着经济实力增强和国际地位提升，我国对外文化传播取得了一些成绩，成效有目共睹，主要表现在孔子学院与汉语国际传播。现今，孔子学院遍布全球近百个国家和地区，学习汉语的人数剧增，在国外开设中国传统武术馆等等，都成为汉语教学、传递中国文化的重要平台和品牌。但仅靠这些，实现软实力构建是杯水车薪。笔者认为，应从以下几个方面扩展对外翻译领域：

（一）如何让中国文学真正走出去？

这个问题虽备受关注，却存在严重认知误区。很多人认为，只要把文学作品翻译成外文，自然就走出去了，而看不到这是一个把弱势文化向强势文化译介的过程。莫言获得了诺贝尔文学奖，翻译功不可没，是翻译译本让莫言作品产生了世界影响，因此，吸引培养更多人从事中国文学翻译工作是对外传播构建软实力的基本保障，有了专业的翻译者，国外读者才能与中国文学近距离心灵碰撞，理解领悟我国社会体制、传统文化和意识形态。

（二）如何打造正规权威对外宣传新闻平台

对外宣传就是将国内说服对象转为国外说服对象，需要重构思、再表达，现今，东西方交流存在严重的不平衡，包括传播流向、传播渠道、翻译质量。作为外宣重要窗口的各级政府网站，其英文版本网站中的译文质量参差不齐，中国式英语，中国式新闻味道浓重，自创新闻少，翻译质量差，报喜不报忧的空洞传播理念，不符合境外受众心理，不利于世界了解中国。因此，笔者认为，政府应在政策和资金上强力扶持外宣翻译工作；重视外宣翻译人才培养；重视对国外受众心理和修辞思想研究；减少空洞说教和机械刻板理解翻译，在此就不一一赘述。

（三）如何着眼大众饮食娱乐文化进行对外文化渗透

从严肃的政治文章著作，如毛泽东思想、三个代表、社会主义核心价值观，到大众娱乐、电视剧电影，从民族政治思想体系，到大众饮食娱乐生活，每一处都存在拓宽对外宣传领域的机会，国内年轻人推崇的日韩潮流、英美剧、好莱坞大片，正是国外大众娱乐文化渗透中国的见证，是时候利用电影和电视节目、书刊杂志、流行音乐以及饮食旅游等，寻求不同文明之间的交集，渗透到国外民众生活中去，从文化交叉的浅层面入手，打破僵局，突破对外国际传播的障碍，用娱乐性、趣味性的大众文化消除文化反感和意识形态对立。

三、对外翻译传播中的翻译理论应用

对外翻译传播中浓墨重彩的篇章即是传播中国传统文化，通过翻译中国古诗词、中医药名典、宗教文献、经典名著等，挖掘汲取博大精深的中华精髓，传播千年华夏民族积累的智慧和精神财富。此类翻译较有难度，因其源语为文言文，而非现今通识语言，这对译者的中文底蕴要求颇高。首先译者应对源语中文彻底解析，体悟其本质内涵，才能在目标语（英文或者其他语言）中搜寻对应的词句释义，要想达到有效积极的对外翻译传播目的，译者必须融会贯通中外语言文字，不能囫囵吞枣、模棱两可、一知半解，在跨越了第一障碍后，译者必须脱离打破原语语言框架的束缚，进行信息思想内容的再加工，并以符合译语规则的语言文字表述出来，这一翻译过程与法国释意理论流派不谋而合，该理论流派认为翻译的对象是交际意义和信息内容，翻译本身是交际行为，语言只是载体，双方感兴趣的是对方试图表达的思想和传递的信息，这种翻译理论决定了翻译不是客观和僵硬的再现，而是译者积极参与，受社会文化语言影响的再创造。

除了积淀几千年的古人智慧名典，诗词歌赋，当代有中国社会主义特色的政治文学著作翻译，也可参照此翻译流派，现有的许多翻译作品，大多被冠以中式英语之嫌，因在其他语言中，找不到对等的概念，是特别具有浓重中国政治风格的翻译。对此，很多人认为这不是翻译，而是创作，有甚者认为是生硬的编造，不伦不类，"创造"了其他语言现存语系中并未存在的概念，认为其违背了翻译的原则，宁可不译也不能创译，但笔者认为，随着我国国际社会舞台话语权的不断持重，我们有责任与义务将中国的社会体制，政治体系和意识形态翻译成外语，让世界听到我们的声音，了解我们的文化，接纳我们的政治意识形态，此类对外翻译传播，笔者一贯推崇释意理论，很多难懂晦涩的词句、概念、现象必须通过言外之意的释义，才能清晰明了的以译语表达出来，虽然言外之意不属于翻译范畴，但对于译者理解原语，翻译成译语格外重要。因此，对外翻译中译者与读者、听众必须拥有理解言外之意知识的能力，必须具备理解上下文和交际环境的能力，才能保障对外翻译输出—输入双方的意义沟通桥梁畅通不断裂。此外，成功的翻译是对篇章的释意，是语言外知识的参与，因此对外翻译传播中我们应强调意形结合，不可单纯直译，否则译文会显得生硬，晦涩难懂，无法彰显源语中文的美感和意境。

然而，即使译者对原文理解正确，译文也会发生信息流失，着是源于文化内涵在目的语中难以实现对等再现，译者在翻译过程中不可避免要在内容或者形式上做出一定的改动，灵活运用异化和归化理论，相辅相成，相佐相证。①

四、审视现有汉英翻译教学模式提高对外翻译传播效应

目前大学汉英翻译教学中存在重视西方文化，轻中国文化的现象，通过访谈和课堂观察，笔者发现以下文化失语的两个主要原因：学生缺乏跨文化意识和知识，学生对中国文化都一知半解，更不用谈英译版本。教师只重视英文国家文化的输入，导致中国文化缺失现象，不利于学生双语能力培养提高，不利于中国文化的传承与对外传播。因此，笔者建议，在教学程序内容设计中，教师应有意识地添加中国传统文化通识灌输，利用网络声情并茂地给学生讲解传统习俗的来龙去脉，并鼓励学生采用讨论法、比较法对某一习俗地域差异细致分析，互相交流，深入探讨，从本质上理解传统文化习俗，再接着，教师给予部分词汇的英译标准，让学生通过练习法，初探某一主题英译版本，接着，进一步分组讨论，比对自己的译文和组员间的相似和不同之处，探讨最佳译文，并在班级进行展示讨论，集体评议，最后，教师贴出参考译文，提点翻译的重点难点，梳理翻译中使用的技巧和理论基础，让学生从单一的翻译练习中概括总结，提炼框架，形成图示模型。其次，教师自身的母语文化素养不足，没有充足的知识储备，何谈灌输给学生汲取。教学相长一直是教学教育中追求的理念，教师在教学过程中，不能抱着老知识老底子，应与时俱进学习各类知识，先装满自己的一桶水，在课堂上才能给予学生一碗水，更好地中西融汇，古今贯通，把文化知识讲透彻，讲明白，使学生体会中英翻译的乐趣和美感，进一步提高汉英翻译技巧，传递中国文化知识。

因此针对现有翻译课堂模式，教师应立足本土文化，加强自身中国文化知识积累储备，提高文化修养，让学生从中英文化差异跨文化交际教学角度审视源语和译语的差异，全面构建中英文化比对框架，让两者平衡平行发展，因为任何一方的偏颇都能造成源语理解偏差，译语输出失衡、削弱甚至消除对外传播效果。教师还可以将中国传统特色文化融入教学中，让学生领悟博大精深的中国传统文化，谨记民族身份、民族意识和民族骄傲。

---

① 邹高飞.中国文化软实力构建中的对外翻译传播构建初探[J].知识文库，2018（13）：43.

第八章　中华传统文化翻译与传播的实践与思考

第一节　中国故事与中国声音的跨文化翻译与传播

中国故事与中国声音是中国特色对外话语体系的重要组成部分，如何翻译与传播具有中国特色的对外话语体系是向世界介绍中国、阐释中国的关键。本节试图从翻译学与传播学的角度出发，对中国故事与中国声音在跨文化翻译与传播过程中要达到的目标、采用的原则、使用的策略、通过的路径等进行探讨，以求教于方家。

一、中国特色对外话语体系与中国故事与中国声音翻译与传播的实质

（一）中国特色对外话语体系的内涵

从内涵上讲，中国特色对外话语体系是中国向世界系统阐述的思想理论体系、知识文化体系、治国方略体系，它回答了中国是什么、中国为什么能、中国向何处去等重大问题。中国特色对外话语体系包含中国特色社会主义、三个代表重要思想、科学发展观、和谐社会、中国梦、一带一路、人类命运共同体等新概念、新范畴，也包括了中国的全球治理观、正确义利观、发展观、新安全观等新理念、新主张，还包括了涉及中国的政治、经济、社会、文化、安全，以及生态文明、国际秩序等具体的议题。

中国作为世界和平的维护者、国际秩序的守护者和促进全球发展的主要力量，通过设置议题来建构国家的对外话语体系，其目的就是要展现中国故事及其背后的精神力量，对世界发出来自中国的声音。因此，有学者把中国特色对外话

语体系界定为"以当代马克思主义为指导，用中国概念、中国范畴、中国术语向外部世界阐释和解读中国实践、中国道路、中国经验、中国智慧的思想理论体系和知识体系的总和"。

长期以来，中国特色对外话语体系被西方世界曲解、误读，导致中国故事、中国声音传递不畅，起不到阐释中国、树立中国形象的作用。当前世界百年未有之大变局不是一时一事、一域一国之变，而是世界之变、时代之变、历史之变，这为我们提供了一个文明互鉴的契机。随着中国在世界政治、经济、社会、文化体系中扮演着越来越重要的角色，中国的对外话语体系由被动的国家形象树立开始转变为主动积极的世界观、价值观再造，由"阐释中国"转变为"中国阐释"。①

（二）中国故事与中国声音的本质

中国故事与中国声音就其本质而言是一种来自中国的国家叙事。它包含了中国道路、中国理论、中国制度的内容，包含了中国国家叙事的历史与现实，是中国主题话语体系的有机统一，涵盖了我们党和国家不忘初心、牢记使命的孜孜追求，蕴涵了丰富的中国传统、中国智慧，是中国作风和中国气派的集中反映。

（三）中国故事与中国声音跨文化翻译与传播的实质

作为中国特色对外话语体系的重要环节，中国故事与中国声音的跨文化翻译与跨文化传播受到了学界和社会的广泛重视。吴赟和顾忆青认为："中国特色对外话语体系的译介与传播就是指具有中国特色的对外话语体系经由翻译阐释，通过文字、图像、声音、影视等融合的多模态媒介方式，展开跨语际、跨地域和跨文化的交流，传播至世界其他国家和地区。"在话语的跨语际、跨文化构建过程中，中国特色对外话语中所蕴含的传统价值观念、中国特色的发展道路、流传久远的思想文化等因翻译而得到诠释，又通过传播走向世界，这对增强我国的文化软实力、扩大我国的国际影响力作用重大。

二、中国故事与中国声音跨文化翻译与传播的目标与原则

（一）中国故事与中国声音跨文化翻译与传播的目标

在世界舆论场上中国有两个不同的形象，一个是历史悠久、文化灿烂的传统中国，一个是经济繁荣、政治"另类"的当代中国。如何向世界介绍一个真实、立体、完整的中国，是我们当下面临的问题。由于意识形态不同，加上害怕中

---

① 钟智翔.中国故事与中国声音的跨文化翻译与传播 [J].天津外国语大学学报，2021，28（06）：25-29.

国崛起，西方常常对中国带有严重的偏见，喜欢从负面的角度来解读中国。他们或是认为来自中国的信息"不客观""不透明"，或是宣扬所谓的"中国威胁论"，妄称"中国图谋称霸世界"等。为此我们必须通过对中国特色的对外话语体系进行构建来向世界阐释真正的中国。在讲述中国故事、传播中国声音的过程中，我们必须将话语传播议程的主导权、议题的设置权、内容的表述权、概念的界定权、话语的阐释权、标准的制定权以及争议的裁判权等牢牢地掌握在自己手中。

外语界通过跨文化翻译和跨文化传播来讲好中国故事，传播中国声音，阐释中国特色，目的就是要使国外受众摆脱西方的话语控制，打破其话语霸权，引导他们对中国叙事产生兴趣。进而达到"确立中国话语权，塑造正面向上的中国形象，赢得世界各国对中国道路、理论体系、制度文化的认同"的目标，最后达到由"阐释中国"到"中国阐释"的转变。

（二）中国故事与中国声音跨文化翻译与传播的目标与原则

中国故事与中国声音是中国特色对外话语体系的主体与核心。翻译、传播中国故事与中国声音有其特殊性。在进行跨文化翻译与传播的过程中必须原汁原味地翻译和传递其基本内容。因此，信息等值传递和效果灵活对等就成为中国故事与中国声音跨文化翻译与传播的两大基本原则。

第一，信息等值传递原则。

作为讲述中国故事、传播中国声音的手段，翻译既是一种特殊的语言活动，又是一种特殊的思维活动。在讲述中国故事、传播中国声音时，不仅要翻译和传递汉语对外话语体系中的语言信息，更要传递其所承载的思想文化信息。要在议题选择、原文理解、语际转换、内容表达和信息传递的过程中尽可能地确保原文的语言信息和文化信息没有损耗、原文的思想内涵没有衰弱。这是实现中国故事与中国声音跨文化翻译与传播的首要原则。

第二，效果灵活对等原则。

由于中国故事与中国声音跨文化翻译与传播的目的在于确立中国话语权、宣传中国价值观、阐释中国精神、展示中国力量，所以在进行跨文化翻译与传播的过程中达成国际传播目标就显得非常重要。为了实现有效传播，我们要立足于具有不同文化背景的国家与地区受众的差异，精准考察中国特色对外话语体系在其他国家或地区的接受情况。要研究中国特色对外话语体系在其他国家民众中的认知度，了解他们解读中国话语的特点与方式，以灵活对等为原则，确保传播内容达到与国内受众同样的效果。这就要求我们在翻译时要以内容为先，在传播时要以效果为先。在确保内容不变、效果良好的前提下，进行动态处理。

三、中国故事与中国声音跨文化翻译与传播的策略与途径

（一）中国故事与中国声音跨文化翻译与传播的策略

中国故事与中国声音的跨文化翻译与传播要注意受众分析，有的放矢，实现跨文化的精准传播。要解决好翻译传播主体与客体的关系问题，要解决内容上译什么和怎么译的问题，要解决渠道上怎么传播的问题，要以接受度和接受效果为考量，解决翻译质量和传播效果问题，最重要的是要处理好话题的吸引力、内容的感染力、话语的亲和力、传播的实效性问题。

中国故事与中国声音跨文化翻译与传播，在策略上要跨越不同国家、不同民族之间的文化冲突与思想差异。以适宜度为考量，翻译表达中国话语的深刻内涵，构建起跨越中外文化差异的对外话语体系，将中国的价值理念、价值判断和核心价值观以国外民众喜闻乐见的形式翻译表达出来，确实增强话语翻译的认同度和认同感。要注意翻译策略的运用和译文表达方式的灵活性，避免出现死译、硬译以及使译文读者不知所云的现象。

要创新翻译叙事话语体系，注意中外话语形式、叙事模式的深度融合。要以问题意识为导向，契合国外民众能够接受的方式、方法进行翻译和传播。在翻译中国故事、传播中国声音时，要有全球视野，译文要能跨越文化差异，实现有效沟通。要结合国家翻译能力建设，加强翻译选题和国际传播的顶层设计，构筑起行之有效的对外翻译与传播体系，提高我国的国际话语权与传播影响力。中国故事与中国声音的跨文化翻译与跨文化传播要以人为本，要关注细节、注重共情。在翻译中国故事时要选择那些故事性、艺术性和感染力强的作品，在语言和内容上要做到与国外受众的共情互动。要利用好传统传播方式和现代传播技术，借助新媒体、融媒体，立体而生动地宣传中国、阐释中国。

（二）中国故事与中国声音跨文化翻译与传播的路径

习近平主席 2021 年 5 月 31 日在中央政治局第三十次集体学习时指出："要采用贴近不同区域、不同国家、不同群体受众的精准传播方式，推进中国故事和中国声音的全球化表达、区域化表达、分众化表达，增强国际传播的亲和力和实效性。"这实质上指出了实现中国故事与中国声音跨文化翻译与传播的路径。

话语构建和传播的目标是承载和传播思想。在目前以西方价值观为主导的情

况下，要打破西方的话语霸权，必须直面中国与西方在文化上的差异和价值观之间的对立，以实现中国特色对外话语体系在全世界的有效传播。为此我们要保持定力，清醒地认识经济全球化和文化多元化的发展趋势，以互补的心态看待中西方价值观念的差异，在中国故事的翻译、中国声音的传播中，注重中外语言体系和表达方式的不同，以意义传递为首要原则，进行地道的翻译。在传播过程中要利用各国人们喜闻乐见的方式、有效传播，快乐传播。要本着求同存异的原则，避免对抗性思维，要跨越语言、习俗、思维方式、表达方式的差异，进行有效翻译、有效传播。

我们还要大力推进高等学校外国语言文学类专业的建设，着重培养国家急需的多语种，特别是非通用语种高层次翻译与国际传播人才。要加强与外部世界的交流与合作，鼓励更多的学者走出去、请进来。要搭建译好中国故事、传播中国声音的平台，融合多种媒介形态，关注受众的使用心理和使用习惯，通过声音、图像、游戏等多种模态来增强中国声音的传播力，提升传播效果。要加强对语言对象国受众的全方位研究，强化对外话语生产、汉外翻译和跨文化传播之间的有效对接，将中文话语构建、外文翻译、国际传播等环节直接联系在一起，最大限度地实现话语"保真"和有效传播。

第二节　中国特色词翻译与中国文化对外传播

中国历来就是一个有悠久历史和文化传统的国家。随着中国社会的全面发展，新事物和新现象层出不穷，其典型表现就是在政治、经济、科技以及社会生活中，大量令人眼花缭乱、丰富多彩的中国特色的词汇不断出现，诸如"联合执法，叫停宰客娱乐场所""网络恶搞成为'草根文化'""山寨文化"，凡此种种举不胜举。特色文化词是时代变迁、社会进步的一个缩影，是鲜明折射社会发展的一面镜子。我们要顺应全球化的趋势，"让中国走向世界，让世界了解中国"。翻译界在这一过程中就起着尤其重要的作用，当然也面临着巨大的挑战，因为既然是属于我们特有的东西，就不可能在其他国家找到对等的词语，"对等理论"和"等效理论"也没有了用武之地。

一、异化翻译法和"中国英语"

我国评论家王宁教授认为，目前的翻译重点应该转向向国外介绍中国的文化和文学上，让世界更多地了解中国，只有这样，才有助于中国文化在全球化时代保持固有的身份和特性。而孙致礼教授也在《翻译的异化与归化》一文中说道："到了 21 世纪，随着国际文化交流的日益频繁，随着各国人民之间的不断沟通，向作者接近的异化译法将越来越广泛地被采用。"同时孙教授又在《中国的文学翻译：从归化趋向异化》一文中说道："我们完全有理由相信，我国 21 世纪的文学翻译将真正成熟起来，而这成熟的主要标志之一，就是注重异化译法，而异化译法的核心，就是尽量传译原文的译质因素。"

在国际学术界，翻译的"文化学转向"也确实成为主要潮流，翻译已不再被单纯看作一种语言转换成另一种语言的活动，而是一种文化转换的模式。在文化与翻译的具体问题上，大家比较一致的看法是：翻译随着文化交流而产生，其主要任务是把一种民族文化传播到另一种民族文化中，翻译是两种文化交流的桥梁。换句话说，翻译是跨文化的传播，与之相呼应，Venuti 提倡的异化翻译则是为了抵御民族中心主义、种族主义、文化自恋主义和文化帝国主义，倡导民主和文化平等，可以说是异化的代表人物。他提出了反翻译的概念，要使读者处处感到原文的异国情调。在中国，鲁迅可以说是异化的代表人物，他在《题未定草（2）》中倡导译文"必须有异国情调，就是所谓的洋气"。傅东华则是极端归化的代表，他在翻译《飘》时，一方面把"陌生"的人名、地名"中国化"，另一方面对一些描写性文字随意增删。

对于外国读者而言，利用"异化"的方法来翻译富有鲜明中国文化特色和形象的词语，就在很大程度上保留了中国文化的韵味和形象，保留了原文的异国情调与吸引力。近年来中国学术界有了"中国英语"的说法。"中国英语"能更忠实地反映原文，能真正成为世界了解中国社会、文化、政治及经济的窗口，是一种既有中国特色，也符合英语标准的国际语言。有了这样一个国际交流的有效介质，中国在国际社会的话语权将会得到巨大的提升。因为"中国英语"是以标准英语为核心的，因此不存在交流的障碍，相反，充满异国情调的译文使交流手段更积极、更有效。因此，无论是中国的英文媒体，还是外国的对华报道，"中国英语"均成为实现媒体话语权的共同选择，均体现了"中国英语"的意识形态意义。对于广大翻译工作者而言，为获取汉译英译文的最佳接受效果，既能反映中国文化，又符合英语规范的"中国英语"成为最佳选择。

二、中国特色词汇的翻译策略

文化的交流是双向的，双语文化中的各方在影响的范围和力度上往往是不平衡的，在一定的历史阶段，某一方占主导强势文化的地位，另一方居次要弱势文化的地位。现阶段中国文化在中西文化交流中处于弱势地位。随着我国科学技术的进步、民族文化的振兴和综合国力的提升、中西交往的增多，中国文化对西方乃至世界文化的影响将会越来越大，反映中国文化的词汇也会越来越多地融入西方和世界文化和语言之中。①

中国特色词的翻译要遵守"三贴近原则"，即贴近中国发展实际、贴近国外受众对我国信息发展的需求、贴近国外受众的思维习惯。向世界传达中国积极崭新的形象，让世界了解中国、了解中国的最新国情、了解中国的民族文化，起到跨文化交流的目的。汉英特色词的翻译原则，则是既要符合英语的表达方式，又要尽量保存中国特色词的中国特色，保留原有的文化内涵。因此，在翻译实践中，对中国特色词的汉英翻译要采用以下几种翻译策略。

（一）音译法

音译，在中国，其定义为"把一个国家或民族的人名、地名、或其他名词的读音译成另一个国家或民族的读音"。而外国学者则把音译解释为"把一种语言中的词、字母的读音译成另一种语言的读音"。音译法较之其他方法，在翻译引进专业技术术语、人名、地名和商品名等专有名词时较常用。而且，音译在双语转化的过程中能够较完整明显的保留原有读音，听起来显得特别有亲切感。比如，"茶"，由中国流传至世界各国，也是人们所熟悉的，英语中的"tea"起源于闽南方言"茶"的读音"，再如英语中的won ton（馄饨）、yamen（衙门）、mafoo（马夫）、xiucai（秀才）等等。这样，既保持了语义的中国文化特色，吸引了读者的注意力，又不失顺应了语言交际的环境。功夫（kungfu）等典型中国文化的词汇，说明中国文化可以被西方接受，成为西方乃至世界文化的组成部分。再如"饺子"以前被翻译成"dumpling"，但我们中国的"饺子"无论是做法还是形状都不同于英语国家的"dumpling"，而我们现在按照音译法译成jiaozi"已被广大外国朋友了解和接受。另一个典型例子是2008年北京奥运会吉祥物"福娃"译名"Friendlies"

---

① 王辉,付有龙,游英慧.中国特色词翻译与中国文化对外传播[J].出国与就业（就业版）,2012（02）：108-109.

自公布以来就饱受争议，现已正式更改，新的英文译名 Fuwa 正式启用。与先前的译名相比，直接的音译更能向世界传达中国奥运吉祥物的民族特色和文化内蕴。

（二）直译法

直译，即翻译时在忠实原文的基础上，保留原文的形式，按照字面的意思来翻译的一种常用的翻译方法。从翻译的目的论来讲，翻译的一切活动都应围绕译者所要翻译内容本身的目的来展开。另外，我们从翻译的本质和任务来看，奈达将翻译定义为"从语义到文本在译语中用最近似的自然对等值再现原语的信息"。这一定义明确指出，翻译的本质和任务是用译语再现原语信息，包括语义的、文体的、文学形象上的、情景的和心理效果方面的等等。汉语中有些特色新词可以直接按照字面意思翻译如纸老虎（paper tiger）、大跃进（the great leap forward）、文化大革命（cultural revolution）、红卫兵（red guard）、吃大锅饭（eating from the big pot）等这些都是典型的直译。而随着历史的发展和社会经济的进步，又产生了不少新提法、新事物和新概念，带有中国特色的词汇不断出现。直译法不但能突出这些词语的特色，同时也对我们汉语词汇做出了创新。如十六大提出的"三个代表"（three represents）已为国际社会认可和接受，同样还有铁饭碗（iron rice bowl）、菜篮子工程（food basket project）、一国两制（one country, two systems）、四项基本原则（the four cardinal principles）、物质文明（material civilization）。

（三）意译法

意译以圆满实现"忠实、通顺"两大原则为前提，以句译为单位，脱离原文形象和语法结构，但对原文意义无所损益的翻译方法。这种翻译最大限度地使用目的语文化可以接受的表达，从本质上使译文本土化，强调翻译效果，注重读者的反应，以使目的语读者更容易了解和适应被翻译的文本，"不会产生陌生感"。中国特色词往往形象生动，富有民族特色，反映中国现实社会的新事物、新概念。由于文化的差异性，往往会产生词汇的空缺。意译要求译文能正确表达原文的内容，但可以不拘泥于原文的形式。如"形象工程"，指某些政府部门为了装门面，只做表面文章，不干实事，花大量资金建设华而不实的工程，因此意译为"vanity projects"。英语中的"vanity"一词就有"虚荣，浮夸"的意思，正符合形象工程的内在含义，比直译为"image project"更能向读者传达该词深层的语义内涵。豆腐渣工程则意译为"jerry-built project"，灰色收入意译为"income from moonlighting"，拳头产品则是"competitive products""knock-out products"或"blocbuster"。

（四）译注法

中国特色新词诞生于中国特定的历史、地理、文化、习俗等独特的环境里，具有鲜明的民族或者地方特色。我们可以在音译、直译的基础上采用加注的方法予以解释或说明文化背景。这样既可以保留原文的文化色彩也有利于读者对原文的理解。如"草根工业"是具有中国地方色彩的一个民族特色新词，英译为"grass root industry(refers to village and township enterprise which take root among farmers and grow like wild grass)"。如果单纯地翻译为"grass root industry"，恐怕只会让人一头雾水，那么只有在后面附加上解释性的文字来说明何谓"草根工业"，即中国的乡镇以及小城镇企业，这样才会使词的语义内涵完整的传递给译入语读者。再如，三个臭皮匠顶个诸葛亮。"Three cobbler's wits added equals that of Zhuge Liang——the master mind." 没良心，狗咬吕洞宾，不识好人心。"You ungrateful thing! Like the dog bit Lu Tongbin——you bite the hand that feeds you." 以上这几个例子中都带有特殊的历史人物，所以我们采用在音译的基础上加注释。

中国特色词是中国国情下的一种"本土文化"，但随着不同文化之间交往日趋紧密和频繁，人们在接触外域文化时则渴望充实和更新自己的文化内容，翻译时更倾向于选取异化的翻译策略。毋庸置疑，在全球一体化的今天，异化策略应是文化翻译的基本策略。中国需要向世界展示一个更加积极的、崭新的形象。我国的优秀民族文化遗产和当今社会的发展现状也需要更加及时、有效地传递给外部世界。越是民族性的，越具有世界性。所以在进行汉英翻译，特别是对具有丰富民族文化内涵的词进行翻译时，"异化"翻译更有利于文化的传播与交流。为传承和弘扬中国文化，促进汉语同世界其他语言的平等交流，在中国认知世界的同时，让世界了解中华民族悠久的历史、深厚的文化底蕴及新时代充满生机活力的华夏文明，让中国人显示出文明古国所应具有的深厚文化素养和独立的文化人格，具有十分重要的历史和现实意义。

第三节 武术术语翻译及其跨文化传播

在全球化信息不平等传播态势下，国际文化交流存在着巨大的文化逆差，武术在传播手段、规模、技巧和角度都落后于西方现代体育。要在全球化演进中实现跨越式发展，武术需积极主动参与跨文化传播，改变自身弱势地位。

一、中华武术的文化传播

源远流长的武术是中华文明的民族瑰宝和中国文化遗产的典型代表，涉及中华民族世界观、人生观、道德伦理观、医学、文学、美学等多个领域和层次，是中国传统文化的沉积反映和历史再现。"一部武术发展史就是一部武术传播史"，而且是文化传播史，武术担负起文化传承和文化传播的历史使命。目前，我国竞技体育国际竞争力显著提升，正积极构建中国特色的体育文化，向体育强国迈进，但我国现行举国体制的竞技体育由于其"金牌狂热症"在西方大众媒体中"负面评价占主导地位"，从而负面影响我国国家形象的构筑与传播，而出身民间扎根社会的武术作为中国传统文化的全息影像，若其国际传播得以顺畅实现，将大大提升我国的文化软实力。

文化影响力是展示和衡量一个国家文化软实力的重要因素。当前，武术文化已经传播到世界其他国家的许多地方，以武术为窗口来宣传传统文化是向世界传播中国文化的很好的途径和渠道，与哲学、宗教、医学、艺术等文化形式相融合，武术成为具有独特民族风格的传统项目。但与此同时，随着西方体育强势话语的确立，武术面临艰巨的生存困境和身份危机。在各国文化软实力竞争和博弈下，武术文化传播面临着武术深层文化过于抽象的穿透力障碍、重自我修炼轻向外传播的渗透力障碍、重领会轻实证的认同力障碍、重礼仪轻细节的形象力障碍、重传统轻创新的创造力障碍以及重正宗轻现代的先导力障碍等各种障碍。要让武术走向世界，就要对武学的载体——武术理论和术语恰当译介，并有效实施武术的跨文化传播。中国文化能否被西方文化全盘翻译，如何应对全球化带来的文化翻译，如何进行跨文化传播以促进世界文化的多元化，是我们在理论和实践层面必须慎重应对的严峻考验。

二、武术术语的文化翻译

目前，由于武术术语具有武哲交融、语义模糊、文学色彩浓和标准化水平低等多重语体特征，给翻译造成巨大的文化障碍，加之缺乏一套行之有效的翻译标准，武术翻译不乏中国文化失语现象，所译武术术语无法原真克隆其民族文化基因，更难以全真映射所蕴含的深厚中国文化。武术术语翻译中一词多译、死译硬译和望文生义等现象较为普遍。如就"武术"一词的英译，就有"Wushu""Chinese martial arts""Kungfu、tradi-tional Chinese combat exercise"等多种译法；《英汉汉英武术常用词汇》中红拳被误译为"red box-ing"；另外，如丹田、八卦掌、大悲拳、咏春刀、手挥琵琶等本身具有强烈的民族文化意义，绝不可望文生义。国内武术术语翻译普遍存在英译资料匮乏、资料混乱存在误译等问题，武术翻译多琐碎技巧探讨，未有系统理论框架，理论研究尚不能在实践中起到应有的指导作用。[①]

武术术语翻译的混乱与不规范已经阻碍了武术的跨文化交流与传播。姜望琪呼吁翻译界同人重视术语翻译，杜绝轻率，主张注意译名可读性和透明性。武术术语翻译不但要重视准确和顺达，还要充分考虑武术术语本身的特点和翻译的目的。翻译武术术语应确定其主要目的在于传播技击技巧，更要再现武术中蕴涵的文化信息，再根据交际目的选择工具性翻译或文献性翻译，若术语存在不同译名，不必强求统一，要尊重语言规律，允许约定俗成。翻译不仅是跨文化的信息传播，同时也是信息跨文化传播的必备工具与途径渠道。因而，全球化语境下的翻译研究须摆脱狭窄的语言文字层面的束缚，对已是深刻陷入全球化文化互动及比较漩涡的翻译跨文化课题，这正是西方翻译研究20世纪70年代前后肇始的文化转向的水到渠成，因为社会事实凸显出翻译作为民族间全方位文化交流的重大价值，90年代末翻译过程向跨文化和多元文化方向转移，之后翻译明确指向了权力转向，权力关系被置于翻译研究的核心地位，也就出现了所谓"后殖民转向"。要弘扬武术技艺，对外传播武术文化，须认真考虑当前术语翻译现状及存在问题，借用后殖民理论来研究这一课题，从东方主义、权力话语、普遍性与差异性、民族主义和文化的杂合等多个视角审视文化翻译现象，有针对性地采取必要且有效的措施，寻求武术术语翻译的最佳战略对策和策略方法，进一步推动武术顺畅有效进行国际跨文化交流与传播。

---

① 陈麦池,张君.武术术语翻译及其跨文化传播[J].淮北师范大学学报(哲学社会科学版),2012,33(02): 104-108.

三、武术术语翻译及其跨文化传播

翻译本身就是文化的双向交流和互动，充当着文化输入与输出的重要功能。翻译不可能在真空内发生，由于文化的异质性，文化冲突和碰撞在所难免，大多数情况是不平等地位上的交流与对话。文化翻译更是文化间的互相影响、干涉、渗透和转化，强势文化会同化弱势文化，而弱势文化则会被迫或主动模仿强势文化。翻译成为维系不同文化间不平衡权力关系的共谋。在权力关系和文化强弱对比参照下，考察当前文化翻译中的不平衡和不平等现象，并且展望武术文化国际传播的未来形势，从文化生态平衡和世界多元文化出发，审视跨文化传播中的"自我东方化"现象，倡导武术的文化自觉，推动世界文化多样性和多元文化格局形成。

（一）中华武术文化的国际传播策略

在全球化背景下，各种政治和意识形态的力量都在文化这一世界舞台上展示、较量和角逐，文化的全球扩张对民族国家的本土文化产生了重要的影响。文化的全球化问题始终伴随着文化的民族性与全球化的矛盾，对人们的有关认识加以反思。文化上的全球化进程不可能不受文化本土化势力的抵制，而未来世界文化的发展在很大程度上就取决于全球化与本土化的互动作用，其直接结果导致"全球本土化"（Glocalization）现象的出现：全球化不可能全然取代本土化，本土化也不可能阻挡住全球化的浪潮。在全球意识观照下慎重解决现代队传统的超越复归与传统文化向现代文化转型其间关系。异质文化和本土文化相互撞击而成的混杂性与混合性的新文化，是文化互动和交流所导致的文化多元性的显现，奉行注重文化宽容开放、沟通互动和多元改良的文化交流主义，倡导多元文化共存互补，以消弭文化冲突。同属于东亚文化圈的中日韩构成东亚三强，但"在文化战略上，由于自觉性和关注度不够等原因，中国落后于日韩"，对照日本的空手道和韩国的跆拳道，武术国际传播严重滞后。

武术的国际传播与推广是一项庞大的文化系统工程。武术国际传播，自身应坚持武术传统和传统武术的继承和超越，即所谓"苦练内功"；对外交流则更要练好"内知国情，外知世界"这套基本功，致力于"自我修养的提高、主动的学习，以及国际化视野的培养"，以推动武术作为公共外交重要文化渠道所依托的公众与民间文化传播。在国际文化传播中，须清醒地认识到文化渊源差异造成文化传播的冲突与障碍，武术文化国际传播须选择良好的切入点。武术健身功能开发是中华武术文化国际传播的最佳切入点，注重武术内在精神宣扬，不断开发太极拳等中华武术的养生疗养功效，通过这一渠道传播中国传统哲学、中医学、经脉学和养生学等思想，并同现代科技与时代需求相结合，使其具有更强劲的生命力。

Schultz 提出的整合营销传播（integrated marketing communication，IMC）理论可有效运用于国际文化传播实践。整合营销传播通过外交、广告、公关、目的地主题活动、节庆活动、形象推广活动和网络营销，营销传播应和目的地规划和管理整合在一起形成一个战略系统，从而提升其核心竞争力。武术的整合营销是一个不断及时发现新的需求，创造和提供新的产品和服务，最终提升武术文化国际市场竞争力并不断实现中国文化战略目标的动态过程。武术的国际赛事、文化产业、专项旅游、远程教育、人才培训等构成了其多元化的国际传播模式。

就中华武术的文化产业而言，可借鉴美国梦工厂动画（DreamWorks Animation）制作的以武术为主题的动作喜剧动画电影《功夫熊猫》，可扶植和培育武侠动漫、影视制播、网络游戏、演艺巡演、武术节庆及赛事等创意文化业，通过网络、影视、广播、报纸、杂志、书籍等大众传播媒介，并借助国家文化战略和民间武术学校的群众性体育社团，传播武术的养生健身、武德修养、武学韬略、侠义精神等鲜明文化形象和深厚文化体系。韩国成立了专门的跆拳道技术研究与推广部门"国技院"。以传播中国文化为己任的孔子学院是推广和弘扬武术文化的有效模式，可以设立高质量、高规格、非营利性的武术文化推广机构"国术馆"，为武术文化提供一种具有强大传播力的文化符号，应全面展现武术较为完整的文化体系，探索并建立科学的武术文化国际传播系统。

（二）武术术语翻译的文化自我原则

在当下全球化语境下，翻译肩负着让本民族文化走向世界和与西方平等交流和对话的重要使命。随着汉字文化圈世界地位的提升，汉字及汉字文化的传播，作为汉语输外词的武术术语翻译将在传播中国文化和中外交流方面起着日益重要的作用。

从政治层面上讲，武术术语的对外传播能从文化与体育层面增强中国对世界的影响，术语翻译要以"外尽其形，内显其理"为准则，保留源语的文化附载。鉴于武术术语翻译存在的诸多误译现象，严重阻碍了中华武术现代化与国际化进程，武术术语这种专业性术语翻译，应遵循语言性、文化取向性、灵活性与可接受性相结合等基本原则。Venuti 区分了翻译的归化（domesticating）和异化（foreignizing）策略。House 则根据原文及其译文功能异同划分了"显型翻译"和"文化过滤"的"隐型翻译"（covert translation)，后者捕捉翻译中的文化移位，兼顾两端可采取中立式翻译（Neutralizing）策略，应坚持信息为导向、联想为辅佐和概念为基础等原则。

作为沟通不同文化的桥梁的术语翻译，不只是语言间的符号转换，而是同文化、政治和意识形态等紧密结合，成为他者反对文化霸权主义、消除殖民主义遗留下的"东方"形象、弘扬中华文化的有力武器。对武术术语诸如武术完全归化翻译为"Chinese martial arts"或"traditional Chinese com-bat exercise"，是一种以西方为中心的"东方主义"（Orientalism）视角，在语言表达上是不准确的误译，在文化传播上处于弱势的失语地位。即便如此，对一个目前西方大众眼中仍然存在"文化误读"的中国文化，仍需采取武术术语的归化翻译策略，用一种西方文化完全接受、理解和明了的翻译解读方式进行传播无疑是作为权宜之计的明智选择，丢失的是部分文化信息，换取的却是整个文化认可。

但就长远文化战略而言，异化翻译是传达文化因素的最佳策略选择，对促进语言发展、文化传播与交流意义深远。由于异化翻译能保持文化的丰富性、尊重文化差异性和保护并发展民族文化，因此，它是文化全球化环境下不可阻挡的趋势，可更有力促进文化交流，拓展文化对话空间，增加译入语受众对武术文化的了解和学习，从而更好地促进世界多元体育文化共生与融合，有利于武术国际化推广，有利于世界多元体育文化交融与创新。

为适应传播中华文化、挑战文化霸权的需要，异化翻译在张扬民族文化个性基础上，构建与西方化平等对话的平台，起到文化沟通的桥梁作用，这是全球一体化走向的文化期待。术语的异化翻译尽显音译文化传真优势，凸显语码混杂文化共生特色，隐含形象移植文化整体韵味，提升输外词文化语境适应力，辅助图像附注文化跨媒介传达，利于保留弱势文化的语言身份，使之取得与强势文化平等对话的权力。同时，在使用异化翻译方法时，要保持结构的完整，突出民族的语言特色，适度优化翻译原文的语言表达，以彰显跨文化交流民族性的自我认同和文化自觉。

翻译策略的选择应该和这一翻译目的结合起来，张扬本民族文化，克服文化霸权和文化帝国主义，保持本民族文化多样性，采取一种对殖民话语和权力进行提喻式杂糅（hybridity）的策略，部分遵从、部分抗拒，适时对文化典籍和术语进行改写（rewriting）或重译（retranslation），对翻译内在的文化间的压制、模仿或抵抗，应注重文化杂交的创造性价值，异化翻译是以抵抗目的语文化主导形式和价值观为目标、保留原语文化特色、促进目的语文化进步的"暴力式忠实"

（abusive fidelity），表现为双关语、新造词语、典故等，通过借鉴原语文化滋补和丰富目的语文化，达到文化间交流、融合和共铸。如形意拳可译为"Xingyiquan（Shape — Intent Fist）"，八卦掌可译为"Baguazhang（Eight — Trigrams Palm）"等。

　　总之，目前在武术的国际传播进程中，可选择以归化翻译策略为主，以保障武术文化跨文化传播的顺畅达成；但必须注重武术术语异化翻译输外词的跨文化传播功能与价值，并逐步提升其至战略地位。应加强语言与文化的国际交流与合作，张扬文化差异，保留民族风格的音译成为处理文化不可译现象的有效途径，体现并顺应新文化交流语境下文化交融的特征与趋势，促成诸如气功（Qigong）、空手道（Karate）、柔道（Judo）、柔术（Jujitsu）、相扑（Sumo）、剑道（Kendo）、太极拳（TaiChiChuan，TC）、跆拳道（TaeKwon — Do，TKD）等文化空缺词的固定术语翻译，并编纂规范统一武术术语的外语工具参考书。

（三）中华武术文化的跨文化传播战略

　　全球化对武术的跨文化传播既是一种挑战，也是一种机遇。武术作为人类智慧的体育实践形式和独特文化现象，必须以积极的姿态，广泛参与世界范围内的跨文化传播。武术充分挖掘本民族文化内涵，强调借鉴和学习外来文化的同时保持本民族的特色，弘扬自身文化，加强与世界的沟通与交流，对中西文化取长补短而融合，通过公平正当竞争达到更高的境界，共同努力形成新的体育文化，便于中西文化融合与对接、双向交流与互补，从而实现全球文化多元和谐。

　　全球化背景下武术的跨文化传播，必须深刻反思当前中西体育的文化冲突与文化利益格局，在沟通、理解、尊重基础上多元发展，实现体育全球化与大众媒介的跨文化传播战略。武术要在当前传播中取得跨文化全球传播的成功，应遵循维模原理、优势扩散、文化适应、文化变迁增值与积淀等文化传播原理和规律，须找到武术国际化与本土化的契合点，合理借助文化营销策略，实行武术的文化重构，以"和而不同"为目标做国际传播的文化诉求，开创武术跨文化传播的新局面。

　　然而，必须高远审视并慎重应对跨文化传播中文化传播强国与弱国间文化交流的不平衡和单向度的不对称现象。萨义德的东方主义学说核心即在于警醒西方对东方的误读，他认为"东方"是欧洲人凭空创造出来的地方，是与位于中心的西方相对应的，代表原始、神秘和落后的"他者"（the others）。"东方"形象强化了西方的优越感，使西方文化的地位进一步稳固，东方文化进一步被边缘化。忽略武术译语所承载的武术文化的交流和传播，把武术"文化交流"纯粹视为杂要表演活动，武术沦落为他种文化猎奇视野中异域风情"文化符号"的"凝视"对象。

反观我们自身文化取向，包括亚洲国家皆遭受自我东方化、去东方化和彼此东方化问题，这既是解析东方国家的中国形象的关键，亦是武术跨文化传播亟待慎重治理的"病灶"。诸如获得国际大奖的中国影片《大红灯笼高高挂》（*Raisethe Red Lantern*）、《卧虎藏龙》（*CrouchingTiger，Hidden Dragon*）等，以及中国申奥宣传片、奥运会表演、武术演出、中国旅游形象定位等领域都存在"自我东方化"（Self—Orientalism）的跨文化传播问题，强化而非修正西方文化视域中中国形象的"刻板印象"。申奥片所提供的是申奥国的体育精神和国家形象，其背后支撑的却是以"文化优越""视觉谄媚"为特征的"情感结构"，大量混杂着讨好西方国家的亲善性符号；而中国大陆推出的"中国，魅力永存"（China，Forever）入境旅游宣传口号"自我东方化"更为突出，通过自我文化异化主动"国际化"将自身纳入西方"文化霸权"体系中。

为突破和超越跨文化传播的文化"他者"和"自我东方化"现状，武术必须防止"文化身份"的一再迷失，贯彻费孝通所倡导的"文化自觉"战略，加强文化选择的自主能力，以获取适应新环境和新时代的文化抉择主导地位。不刻意为"加入奥运会走向世界"而对武术不断进行西方化改造，无情割舍和抛弃自身文化传统和价值体系，却并未因此得到全世界的身份认同和文化嵌合。"文化自觉"战略是民族文化的自我觉醒、自我反省和自我创建。从这个立场出发，对我国武术的传统文化要有自知之明，既不妄自菲薄，也不妄自骄矜，既拒斥"文化霸权主义"，也反对"我族中心主义"，中西方文化应"双向凝视"（the mutual gaze），以最终建立一种对话、互渗、共生、和谐的文化政治议事日程，确立文化间的平等交流。更进一步，形成武术跨文化传播的"全球化凝视"（Globalizing Gaze），武术体现中国古典美学的特殊范畴，反映东方古典艺术的神韵，武术在全球跨文化传播中应注重内在精神的文化宣扬，积极建立武术学术团体，参加国际性武术学术活动，主办武术研讨会，译介武术刊物和论著，开展针对国外民众的武术文化感知专题课题调研，重新定位武术的国际化推广战略，逐步修正西方媒体对武术文化的误读与歪曲，使世界对武术有更为透彻的全新理解和深刻体验，洞悉并认识其精神实质与教育价值。

武术术语翻译是一项重要的跨文化传播活动，它不仅仅是语言之间的转换，更重要的是不同文化之间的交流和传播，而要实现文化交流传播的目的，就必须研究文化翻译的方法和策略，不仅需要译者在翻译中解读源语符号，也要求译者从跨文化传播视角破译源语文化内涵，从而将武术文化信息准确传递给他者文化。为全真传播中华武术文化，须克服民族自卑和虚无，走出文化翻译误区，树立民族自尊心和自信心，以平视态度凝视和观察西方乃至世界文化，在承认世界其他文化价值基础上彰显和弘扬中华传统文化优秀的成分，为世界多元文化共同繁荣发展做出努力。

第四节　中国饮食文化的传播与菜名的翻译

中国美食享誉世界，饮食文化在悠久的东方传统文化中独具魅力。中国菜的取名多姿多彩，令人目不暇接。有用写实主义手法，也有用浪漫主义的笔调，不但有政治、历史、地理的背景，也有神话、民俗、传说的情趣。中国菜的取名已经不再是一个单纯的标签，而是在其中融合了中国文化、艺术等方面的结晶，甚至在它的背后，还可以抽提出千丝万缕、可歌可泣的情愫和诗篇。但是，这些诗情画意的命名，西方人很难理解和欣赏。因为罕有妙笔生花将这些东方情趣和意境译成贴切的英文，传达到文化背景完全不同的外国人的头脑中去，而引起他们的共鸣。

一、中菜英译存在的主要问题

由于中国美食享誉世界，吸引着各国众多的食客，所以很早就有人从事中国菜名的英文翻译工作。但是目前国内外中餐菜谱上的英译名还很不规范，甚至比较混乱。例如，回锅肉，英文名有 sliced pork doubly sautéed，twice — cookedpork，twice — cooked spicy pork slices，double sautéed(Sichuanstyle)，Huiguo Rou 等多种译法；红烧狮子头，有 lion headbraised in soy sauce，lion head braised in brown sauce，stewedpork ball in casserole 等译法；天津狗不理包子，有 Tian jingou bu li stuffed bun，Tian Jin Goubuli Baozi 等译法；"老少平安"，有 peace to young and old，steamed bean curd with fish 等译法。最无厘头的菜名翻译当属"童子鸡"了，有的餐馆将"童子鸡"翻译成"还没有性生活的鸡（Chicken Without Sexu-al Life）"。还有"口水鸡"，被译成"流口水的鸡（SlobberingChicken）"，"麻婆豆腐"翻译成"满脸雀斑的女人制作的豆腐"……这样的翻译往往让前来就餐

的外国人摸不着头脑，甚至引起误会。

综合上述些许事例，我们可以总结出目前中文菜名英译的特征和存在的问题。

（一）直译法

此类译法忠于原文，比较直观，容易理解，但是中西文化的巨大差异，有时会引起外国人的误会或者疑问。如"狮子头"译为 Lion Head，外国人看了不得不鼓起勇气误以为真要去啃"兽中之王"的脑袋；"麻婆豆腐"中的 Pork Marked Grandma，易使外国人追问这种豆腐与"麻脸老奶奶"究竟有何关系？

（二）意译法

此类译法比直译法解释得清楚，但容易译得冗长或平淡无奇。如以豆腐、鱼肉做原料做成的"老少平安"，有"老少皆宜"之意，只译成 Bean Curd with Fish 显然有失原意。

（三）混译法

此类译法虽可避免冗长毛病，但有时使外国人困惑。如"麻婆豆腐"中的 Mapo，"宫堡鸡丁"中的 Kung-pao 或 Gong bao，"霸王肥鸡"中的 Bawang 是何许人也？

（四）音译法（以汉语拼音代替英文进入菜谱）

此类译法虽最为省事，但外国人看不懂，中国人也不一定都懂，译了等于没译。如"狗不理包子"译作"Goubuli Baozi"，"佛跳墙"译作"Fu Tiao Qiang"等于没译。由于烹饪英语专业性强，这方面资料又比较少，要把中餐菜谱中的每一种菜名从一种语言转化为另一种语言并非易事。

二、中菜英译的方法

要将中餐菜名翻译成英文，就先要了解中餐菜名的构成及命名方法。餐菜名通常由原料名称，烹制方法，菜肴的色、香、味、形、器，菜肴的创始人或发源地等构成。由于汉语和英语的差异很大，我们在把中餐菜名由中文译成英文的时候，应该尽量将菜肴的原料、烹调方法、菜肴的味型等翻译出来，以便让客人一目了然。由于汉语和英语的差异很大，为避免中餐业者随意乱定菜的英文名字而造成对中国名菜的形象、内涵和声誉的不必要损失，实行中餐菜谱英译名的规范化，使原信息能在英语翻译中得到准备无误的传达，达到译文在英语文化环境中所预期的功能和效果。根据德国学者克利斯蒂安·诺德提出的"功能＋忠实"为中心的翻译功能理论，笔者认为可以通过以下方法加以解决：

（一）写实型→直译法（烹调法＋原料）

这种反应菜肴内容和特色的命名方法叫作写实性命名法。这类菜名特点是真实地描述了菜肴的原料、制作方法及特点。当然，有些名称包含上述三要素，有些只含其一或其二，翻译时一般采取"直译"法，直接译出该菜肴的原料、烹调方法和菜肴的特点。例如，"炖牛肉"可译为 Sautéed PorkSlices，"清蒸桂鱼"可译为 Steamed Mandarin Fish，"春卷"可译为 Spring Roll，"怪味鸡"可译为 Wonderful Taste Chicken，"煎鸡蛋"可译为 Fried Eggs。

（二）写意型→直译＋释意法

此类菜名反映出了深刻含义叫作写意性命名法。这类"写意"型菜往往利用菜肴原料的色、香、味、形的特点，烹调方法的特点及造型上的特点迎合食客的心理，赋予菜肴美丽动听（一般象征如意吉祥）的名字。与"写实"型相反，这类菜名往往不出现原料及烹调方法，初次品尝的食客面对食谱往往会感到莫名其妙，翻译时一般直接按中文菜名译出其意，然后再补充说明其内在含义。这样既不会失去原名的象征、吉祥等意义，又让食客品味其中的乐趣，例如，狮子头 Lion's Head(Pork Meat Balls)、一卵双凤 Two PhoenixHatched from One Egg (Chicken Steamed in Water Melon)、全家福 Happiness to the Whole Family(Stewed Assorted Meats 或 Hotchpotch)、红烧狮子头 Braised Meat Balls in Brown Sauce、翡翠羹 Vegetable Soup。麻婆豆腐，其特点并不在于那位麻脸老太太，而在于这道菜的"麻、辣、烫"，因此，宜译为 Pep-pery Hot Bean Curd 或 Bean Curd with Mince and Chili — oil 或 Bean Curd Cooked in a Spicy — Hot Meat Sauce。

（三）半写意半写实型→"直译＋意译"法

这类菜名中有一部分是"写意"的，基本上不知道大体上是吃什么，或是何种方法加工烹调的，在翻译时一般应采用"写实"部分"直译"＋"写意"，部分"意译"的方法，例如，芙蓉鸡丁 Chicken Cubes with Egg white、翡翠虾仁 Stir — fried Shrimps with Peas，玉兰山鸡片 Sauté Pheasant Slices with LillyFlower。

（四）应尽量避免纯料音译法

现在国内外某些中式菜谱上的 Mapo Doufu，MapoDow Fu(麻婆豆腐)，Dan Dan Mian(担担面)，Zhangpang Ya，Chang Pang Yah(张胖鸭)……不宜继续采

用。外国人对汉语拼音不熟悉，对汉语拼音中的 Q、X、C、Z、ZH 常常莫名其妙，用汉语拼音代替英文来写菜谱，弊多利少，不宜采用。但如果餐馆想让菜名保留点"中国味儿"，笔者在此建议使用"音译＋释意"法，先按中文用拼音译出，然后再加以解释性的英译，如饺子 Jiaozi(Chinese — Style Ravioli)、木须肉 Moo XuPork(Stir — Fried Shredded Pork With Assorted Vegetables as Fillings)。

（五）典故型→"直（意）译＋解释性翻译"法

中国饮食文化源远流长，在中式菜肴中，有一部分菜肴是由某个人始创，或与某个人有关，因而以其名字命名的；有一部分则是与某个历史事件或传说有关而直接以该事件或传说命名。如大救驾（安徽寿县名点，传说赵匡胤围困寿县九个月才得以占领，进城后又劳累过度致病，厨师以猪油、面粉、果仁等精制一种圆饼进呈，赵食后不久即恢复健康，赵当皇帝后，赐该点心名为"大救驾"）、反映庶民百姓对奸臣秦桧无比痛恨的"油炸桧"、反映妻子对丈夫一片体贴之情的"过桥米线"、皇帝落难，饥不择食时吃的玉米稀饭"珍珠粥"、以蟹黄和燕窝象征楚汉相争的"鸿门宴"……。由于这类菜式含有很深的文化内涵，短短菜名翻译无法解释清楚，最好能在英译名之外再提供一个简短的背景说明，以便食客在兴趣盎然之中，加深对中国饮食文化的理解。

（六）"移花接木"法

用西方人熟悉并了解的西方菜名或主食名来译部分中国菜名与少数主食，因他们之间有许多相似之处，故借彼之法为我所用。译名地道，通俗易懂，能收到事半功倍的效果。如烤排骨 Barbecued Spare Ribs、盖浇饭 Chinese — Style Spaghetti、饺子 Chinese — Style Ravioli。Spaghetti 和 Ravioli 两词均源自意大利语，其含义和吃法恰巧分别与我们的盖浇饭和饺子非常相似，外国人也非常熟悉。另外，dumpling 一词在译"烧卖""馄饨""元宵"甚至"粽子"时都用该词，所以有时翻译饺子时，容易引起误解。

此外，在翻译过程中要注意文化忌讳。翻译时要考虑到不同文化之间的差异，特别是忌讳，由于道德观念、数字等国内外文化的差异会造成翻译中词汇，语义空缺或增补。如外国人视猫狗为友，不会猎杀猫狗为食，所以翻译猫肉、狗肉为原料的菜名时，不要信手译成"wild cat，wild dog"，尽管有欺骗之嫌，但确是兼顾中外文化差异的"美丽的谎言"。又如，在日本，"四"与"死"同音，日本人忌讳。因此，在翻译"红烧四喜"等菜名时要注意避开"四"。总之要做好菜谱翻译，不仅需要一定的翻译知识，而且也要具备一定的饮食文化知识以及跨文化交流知识。

　　中国菜名英译是一项十分复杂艰巨的任务，要使此项研究进一步深入，就需要众多的翻译界同人与旅游界、餐饮界相关人士共同探讨，互相学习，共同推动这项工作开展。翻译者懂得两种语言，而且应当了解菜肴特色，还要从文化的深度了解命名的依据，要有较广博的知识，这样才能对菜式名称有正确译法，才能对中国文化的传播和促进世界烹饪文化的交流做出应有的贡献。①

第五节　中医药文化对外传播中的翻译传播学研究

　　近年来，翻译跨学科研究开始进入人们的视野，翻译学者尝试利用其他学科知识来解决翻译无法解决的问题。翻译语言学、翻译传播学、翻译心理学等跨学科研究应运而生。然而，目前的翻译跨学科研究都从宏观的角度讨论跨学科研究方法、研究内容等，很少有研究能够从某个领域入手，探讨翻译跨学科研究在此领域的应用。本节将以中医药文化对外传播为研究域，简要探讨一下翻译传播学这一跨学科研究在这一领域的一系列问题。

一、翻译跨学科研究

　　翻译研究成为一门独立学科，才短短几十年的时间，且在其发展过程中，大量借鉴和学习了其他学科的成果。有学者曾提出："翻译学是一门跨学科研究，这已是无异议的普遍认识。"在过去的几十年，很多翻译理论的形成都与其他学科相关，如社会学翻译理论、生态翻译理论、后殖民翻译理论等等。就像韩子满在其文章里说的，"可以说，有影响的翻译理论都有跨学科的痕迹"。

　　在现实中，跨学科研究也为很多翻译问题的解决提供了新的视角。翻译活动不是孤立的，它与人类社会的政治、经济、科技、文化等均有密不可分的联系。翻译研究不能把目光局限于翻译自身，而要立足于翻译，放眼于相关学科的发展。中医药文化对外传播中的翻译跨学科研究，虽然听起来是一个新的命题，然而实际上，一些学者在这一领域已经做出了尝试，如用认知语言学中的概念隐喻理论来研究中医翻译。20 世纪末，在《我们赖以生存的隐喻》一书中 LAKOFF 和 JOHNSON 提出了概念隐喻理论，认为隐喻是从一个具体的概念域向一个抽象的

---

　　①　龙磊 . 民间饮食文化的传播与菜名的翻译 [J]. 语文学刊（外语教育与教学），2011（08）：84-85.

概念域的系统映射，隐喻的本质是思维方式和认知手段。北京中医药大学的贾春华教授带领其团队以此理论为基础，对中医思维与语言的隐喻性进行了全方位的研究与归纳，也为后来的中医隐喻翻译打下了基础。像这样的例子在中医翻译跨学科研究中还有很多，然而这些研究的跨学科性质还未得到充分的认识，翻译跨学科研究在推动中医药文化对外传播中的作用也未被中医翻译学者所重视。

二、中医药文化对外传播中的翻译传播学研究

中医药文化对外传播这一语境，使以此为目的翻译学与传播学产生了密不可分的联系，因此翻译学与传播学的跨学科研究是影响中医药文化对外传播中翻译跨学科研究的重要因素。翻译学与传播学的跨学科研究被称为翻译传播学，作为一门新兴的交叉学科研究，它主要利用传播学的知识来解决翻译研究中的问题。而中医药文化对外传播中的翻译传播学研究也将给中医翻译带来新的视角，推动中医翻译事业继续向前。传播学理论框架发源于哈罗德·拉斯韦尔提出的传播五要素：谁、说什么、通过什么渠道、对谁说和取得什么效果，即传播主体、传播内容、传播媒介、传播对象与传播效果。这一理论框架经常被从事翻译传播学研究的学者借用，笔者也将从这五方面探讨一下中医药文化对外传播中的翻译问题。

（一）中医药文化对外传播中翻译传播主体研究

在中医翻译传播五要素的研究中，对翻译传播主体的研究较为常见，主要集中于讨论中医译者的素质、中医译者主体性表现、国内外中医译者比较分析等。这些研究对于中医翻译有着一定的意义，然而也有明显的局限性。

一方面，国内中医译者在中医文化传播中的作用和任务没有被深入探讨。前期研究表明，西方中医译者的作品比国内译者作品在国外受欢迎的程度高。以《黄帝内经》翻译为例，迄今海内外《黄帝内经》的英译本多达 16 个，其中 3 个译本在美国传播广泛，译介效果良好。译者分别为爱尔萨·威斯（Ilza Veith）、倪毛信（Maoshing Ni）和文树德（Paul U.Unschuld），都是国外译者。国内中医译者的作品却极少得到传播，这是对翻译资源的一种浪费。这背后的成因是什么？怎么解决这个问题？国内中医译者在中医文化传播中应该扮演一个什么样的角色？此方面的研究在国内中医译界极为少见，这也是中医文化传播缓慢的原因之一。

另一方面，翻译传播主体不应只局限于译者。事实上，翻译传播主体应该包括政府、社会组织或者个人——所有翻译传播活动的发起者和参与者。例如，《大

中华文库》的编写是由新闻出版总署立项支持、中国出版集团公司组织出版的大型中国文化典籍外译工程，这套丛书包括很多中医典籍。《大中华文库》丛书的编写目的是传播中国文化，而这一传播翻译主体就应该是我国政府、出版机构与各位译者。因此，对于政府或是机构的翻译传播行为研究也应被包括在主体研究的范畴之内。除此以外，在网络发达的今天，翻译传播主体也不仅仅包括专业译者，也包括无数能够通晓外语的普通网民，传播主体多元化已经成为一种趋势。然而，大众参与中医传播的前提是对于中医文化知识的认可与熟悉，所以中医文化传播的成功应该是由内而外的。①

（二）中医药文化对外传播中翻译传播内容的研究

翻译传播学研究的第二要素是翻译传播内容。那么中医文化翻译传播，到底应该传播什么？美国中医学院院长巩昌镇曾经提出在文化传播过程中，物质层面的东西总是首先被另一种文化接受，其次是机构层次的、社会规范性质的，最后被接受的是信仰或者核心价值观，这是文化传播的基本规律。但对于中医来说，中医文化得以传播的关键还在于中医的疗效。因此中医术语的翻译传播，作为中医行医的语言基础，应该是中医文化传播的首要问题，然后才是在此基础上的中医文本的翻译传播。在中医术语翻译传播中，标准化问题是关键。

目前，WHO西太区与世界中医药学会联合会分别颁布了自己的术语标准，然而这两个标准之间存在很多差异，再加上有些术语的翻译无法得到广大译者认可，同时，也缺乏相应的方法来约束中医译者对于标准术语的使用，中医术语翻译标准化的推行依然十分缓慢，这给中医术语的传播造成了极大的阻碍。在未来的中医术语翻译传播研究中，相关学者需要解决两个问题：首先是如何建立统一的术语标准，其次是应该用何种方法规范译者对于术语标准的使用。要想解决这两个问题，笔者以为，翻译传播学者应坚持以数据为依据，以市场为导向进行实证研究，术语翻译标准化仅仅依靠译者之间的争论是没有意义的。然而这样的实证研究也正是当前中医翻译领域所缺乏的。

（三）中医药文化对外传播中的翻译传播媒介研究

翻译传播学研究的第三个问题是媒介。传统意义上的传播媒介是报纸、杂志、电视、广播四大类，按照媒体的性质又可以将其分为纸媒、电子媒体和其他媒体。目前在中医外译领域，中医文化传播媒介还是以纸媒为主。殷丽曾经从传播学的

---

① 王娜，闻永毅．中医药文化对外传播中的翻译传播学研究 [J]．西部中医药，2021，34（02）：158-160．

角度对《黄帝内经》外译进行了研究，她指出现代的西方文化仍然处于一种较为强势的地位，因此，对于西方文化输出的译介行为是一种"逆译"行为，要想获得成功，不能将"复杂的跨文化译介简化为纯粹的语言翻译问题""而必须从译介学规律的高度，全面审时度势，进行合理的调整"。

而海外学术出版社在典籍出版与传播方面拥有其他出版社难以企及的优势，三个在海外具有很高接受度的《黄帝内经》版本都是由香巴拉出版社（Shambhala Publications）、加州大学出版社（University of California Press）等知名的海外出版社出版的。因此，她建议国内出版社以"借船出海"的方式，与海外优质出版社合作，推广我们自己的中医翻译作品，进一步提升中国中医文化的海外影响力。

除了传统媒介，新媒体也将成为未来中医文化传播的一个重要组成部分。因为相对而言，新媒体具有信息共享效率高、传播形式多样化、传播过程互动多等优势。然而，中医药文化与新媒体的碰撞还处于萌芽状态，还存在种种问题亟待解决。2016 年 9 月，全国中医药学术新媒体联盟在北京成立，旨在进一步整合资源，从而更好地推动中医药文化的传播，相信在未来，新媒体一定会在中医药文化传播中起到关键作用。

（四）中医药文化对外传播中翻译传播对象及效果研究

除了以上三个要素，翻译传播学还需要研究翻译传播对象和效果。在中医外译领域，这两个方面的研究成果有限。虽然也有海外中医学者在一些杂志上探讨中医在西方各个国家的传播现状、西方民众对于中医的接受程度以及中医在西方所处的地位等等，然而极少有人从翻译的角度考虑这些问题。国内译者分析翻译传播对象和效果的方法趋于主观，而且流于表面。很多中医翻译文章都是从中西方语言差异与文化异同方面来研究翻译传播对象，这样的研究不够深入，无法区别于其他领域的翻译研究。而且这些探讨只有理论，没有实际情况和数据的支撑，没有能够切中要害。另一方面，在不同翻译文本比较方面，国内译者也更关注翻译错误的多少及翻译策略使用的优劣，而很少去注意它们的传播效果以及不同翻译效果背后的深层原因。

翻译传播对象以及效果需要实证研究的支撑，需要大数据来进行汇总分析。而这些收集研究数据的能力和客观条件是国内中医译者所不具备的。因此，一方面，政府应对中医外译加大投入，派出一批中医翻译学者去翻译对象国家了解，研究翻译传播对象的需求，比较不同译本在传播对象中的传播效果，切实开展中医翻译传播研究。另一方面，中医翻译界也应搭建中医翻译跨学科研究平台，邀请传播学、语言学、社会学等学科的学者来加入中医文化传播的事业中来，借助他们的知识解决中医外译中的难题。

除了翻译传播学，中医药文化传播中还有翻译语言学、翻译社会学、翻译生态学等其他的翻译跨学科研究。这些跨学科研究对于中医翻译学者来说既是机遇也是挑战。一方面，其他学科的研究理论与方法给中医外译注入了新鲜血液，使中医译者可以从新的角度去看待中医药文化传播中的翻译问题。而另一方面，翻译跨学科研究本身还处于初级阶段，对于一些问题，如如何邀请其他学科学者加入、如何建立中医外译的跨学科研究平台、如何找到与其他学科的融合点，都需要中医译者长时间的摸索。然而，跨学科研究是未来学术发展的必然方向，而中医外译事业也需要翻译跨学科研究的进一步推动。

第六节　陶瓷科技术语的文化谱系特征与翻译传播

经济发展虽然可以为科技文化进步提供支撑，却不能即时转化为科技文化话语权及辐射力。我国经济总量已跃居世界第二，但我国科技文化的国际影响并未同步提升；在很多领域，我们还缺乏话语主导权。作为曾经的世界引领者，中国陶瓷现在只是全球高端陶瓷品牌的追赶者。要重现昔日辉煌，陶瓷界任重道远。幸好在当下全球语境中，文化多元化与话语多样化已成趋势，这为后来者奋起直追提供了可能。要重掌陶瓷话语权，就要构建面向世界的中国陶瓷话语体系，推动中国陶瓷科技术语对外宣传，也就必然要做好陶瓷科技术语的翻译传播。要增强翻译传播效能，首先应了解陶瓷科技术语的谱系特征。

一、陶瓷科技术语的特性

陶瓷科技术语是术语系统中的一个子系统，自然承继了术语的"单义性、简明性、稳定性、理据性、系统性、能产性"等本质属性。从概念构成上讲，陶瓷科技术语属复合概念，可析出两个上位概念，即科技术语和陶瓷术语。作为科技术语的下位概念，陶瓷科技术语具备三个基本特征：专业特征、借词特征、民族语言特征。作为陶瓷术语的下位概念，陶瓷科技术语具有独特性，亦即限域性；它衍生于专业性，指这类科技术语仅限于陶瓷领域。

按照陶瓷科技发端的年代，陶瓷科技术语可以分为传统陶瓷科技术语与现代陶瓷科技术语。陶瓷科技术语具备科技术语的基本特征，还具有独特的限域性。由于传统陶瓷科技的发源地和兴盛期均在中国，传统陶瓷科技术语又可称为中国陶瓷科技术语。传统陶瓷科技术语具有陶瓷科技术语的特征特性，更具自身特性即中华性或曰中国性；它派生于民族性，体现在能指与所指上，意即语符及语符所表示的事物或概念俱"为中国人民所创造，富有浓郁的中华民族特色"。现代陶瓷科技术语与传统陶瓷科技术语具有共性，亦具现代性或曰新创性，主要体现在构词机制上，无论是新造，还是语内外借用，皆有一定的创新性。这些特性在不同种类陶瓷科技术语上的反映与表现是不均等的。

二、科技术语的现有译法

要提高陶瓷科技术语的对外传播效力，除了解其谱系特征之外，还应熟知现有的科技术语译法。考察发现，科技术语译者常常采用意译、直译、释疑、形译、音译等方法，有时兼用音意译法、音释疑法、音形译法、形意译法等。

科技术语的中外互译在传统上主要是意译法与直译法。众所周知，我国古代科技曾经为全世界的进步与发展做出了巨大贡献，科技术语的对外传播和翻译必然要打上"独特的中华文化的烙印，从一个方面体现着中华文化形成过程的历史性"。

例如，由南宋数学家秦九韶证明并命名的"大衍术"，全称"大衍求一术"，或称"求一术"，其英译 great extension m ethod 较好地保留了术语原意；再如"格致"，包括"格物""致知"两层含义，源于《礼记·大学》，强调"致知在格物，物格而后知至"，为保存术语的文化性，可将其直译成 studying natural phenom ena to acquire intelligence；又如清朝阮元的《畴人传》是我国古代天算家的一部传记集，为保存术语的历史性，"只能按当时的指称意义译为 Biographies of M athem aticians andA stronom ers"。

我国的进步与发展也得益于世界科技所取得的成就，引进先进科技和翻译国外科技术语是须臾不可离的。比如 LA SER（LightA m plification by Stim ulated Em ission of R adiation），意即通过受"激"辐射使"光"扩大，故而译为"激光"。诸如此类，还有 penicillin（青霉素）、vitam in（维生素）等。现如今世界已进入"大数据时代，全球信息传播速度加快，新术语、新概念层出不穷，采取音译法能有力保障翻译的时效性"，如 m ontage（蒙太奇）、quark（夸克）、clone（克隆）、nanom eter（纳米）等。对于带有人名的科技术语，则需要音译、意译兼用，如 A rchim edes spiral（阿基米德螺线）、Zeem an effect（塞曼效应）、Pasteurization（巴氏灭菌法）、Frenkel defect（弗仑克尔缺陷）等。而那些"由字母、数字或缩略词构成的术语，常直接借用原字母形象进行翻译"，这种译法包含形译与意译，如 A -drive（A 式传动）、figure-8 coil（8 字形线圈）、U SB flash disk（U 盘）、PH value（PH 酸碱度）等。

三、陶瓷科技术语的分类及翻译

"根据科技发展过程和科技知识的内容特征，科技术语可分为五种基本类型：表达科技原理的术语、说明科技概念的术语、描述科技产品的术语、记录科技符号的术语、科技缩略语。"以此为参照，并依据陶瓷生产逻辑，我们把陶瓷科技术语分成四类：陶瓷材料术语、陶瓷设备术语、陶瓷工艺术语和陶瓷产品术语。其中，陶瓷设备术语可再分为陶瓷窑炉设备术语与陶瓷机械设备术语，陶瓷工艺术语可细分为陶瓷工艺原理术语与陶瓷工艺流程术语。下文将统合术语本质属性、科技术语基本特征以及陶瓷术语主要特性，遴选经典语例，灵活运用各种译法，分门别类地对陶瓷科技术语的翻译问题进行深入而细致的探讨。

（一）陶瓷材料术语译介

陶瓷材料按照在陶瓷生产中所起的作用，分为主材和辅材。石膏就是一种成型辅材，此种石膏通常是半水石膏，包括 α 型半水石膏与 β 型半水石膏。这种陶瓷辅材可以采取意译法，如半水石膏（sem i-hydrated gypsum；plaster of Paris），亦可采取形译、意译法，如 α 型半水石膏（α-sem ihydrated gypsum；α-plaster of Paris）、β 型半水石膏（β-sem i-hydrated gypsum；β-plaster of Paris）。

传统制瓷中，瓷土与釉是主材。瓷土又名高岭土，源自高岭石，该矿石因最早发现于江西省景德镇市的高岭村而得名。有明确原产地的陶瓷主材可直接采用音译法，如高岭土（kaolin）、高岭石（kaolinite），这种译法表现了术语的历史性与文化性；产地不明的则宜用意译法，如釉（glaze）、瓷土（china/porcelain clay）。在制作陶瓷时，会将余泥及各工序的破损坯回收再用，这种泥叫回坯泥，可直译为 recycled green body and its scraps。现代陶瓷兴起以后，国内外不断涌现出一批科技含量高、性能特异的陶瓷材料。这些材料拥有传统陶瓷无法比拟的优势，被誉为先进陶瓷材料，已广泛应用于航空航天、电子核电、生物化工等高精尖领域。先进陶瓷材料按添加化合物的主要成分，分为氧化物陶瓷、碳化物陶瓷、硼化物陶瓷、硅化物陶瓷等。若按性能和用途，先进陶瓷可分为功能陶瓷与结构陶瓷两大类。其中，功能陶瓷包括电子陶瓷、超导陶瓷、光学陶瓷、储能陶瓷等，结构陶瓷包括高温陶瓷、高强陶瓷、超硬陶瓷、耐腐蚀陶瓷。

现代陶瓷材料多添加某种特殊成分，据此，可用意译法与合成构词法构建英文术语，如高温陶瓷（high-tem perature ceram ics）、高强陶瓷（high-strength ceram ics）、超硬陶瓷（super-hard ceram ics）、储能陶瓷（energy-storing ceram ics）；或可用意译法，如硼化物陶瓷（boride ceram ics）、电子陶瓷（electronic ceram ics）、光学陶瓷（optical ceram ics）、耐腐蚀陶瓷（corrosion resistant ceram ics）等。现代陶瓷材料术语具备术语的单义性、简明性、理据性等本质属性，同时具有科技术语的专业特征。

（二）陶瓷设备术语译介

①陶瓷窑炉设备术语译介

陶瓷窑炉是陶瓷设备的根基，在传统陶瓷烧造中尤其如此。我国古代陶瓷窑炉依照经营主体，分为民窑与官窑。民窑服务民间，官窑供给朝廷；专供宫廷的官窑为御窑。古代陶瓷窑炉亦可依据所属地区进行命名，如宋代"六大窑系"（定窑、钧窑、磁州窑、耀州窑、龙泉窑、景德镇窑）及"五大名窑"（汝窑、官窑、钧窑、哥窑、定窑）。陶瓷窑炉根据外形，可以分为龙窑、葫芦窑、馒头窑等；根据构造，可分为辊道窑、隧道窑、梭式窑等；根据温度，分为高温窑、中温窑、低温窑；根据热源，分为柴窑、煤窑、电窑、燃气窑。除了窑体，传统窑炉中还有匣钵、垫饼、棚板、照子等窑具。

随着科技的发展，如今已经用上新型窑温测量仪（如射频遥测仪、炉温跟踪仪），去探测和掌握窑内气体分层、料垛阻力、氧化气氛、还原气氛、一次空气、二次空气等情况。陶瓷窑炉术语纷繁复杂，有些含义甚至难以捉摸，但其翻译并非无迹可循。一般窑名直译即可，如民窑（folk kilns）、官窑（official kilns）、御窑（im perialkilns），如龙窑（dragon-shaped kilns）、葫芦窑（gourd-shaped kilns）、馒头窑（steam ed-bun-shapedkilns），又如辊道窑（roller hearth kilns）、隧道窑（tunnel kilns）、梭式窑（shuttle kilns）。那些以地区命名的窑炉，用音译、意译法，可留存术语的历史性，如汝窑（Ru K ilns）、官窑（G uan K ilns）、钧窑（Jun K ilns）、哥窑（Ge K ilns）、定窑（Ding K ilns）。同一地区的名称倘若古今有别，译时须加以注释，以利于显现术语的历史文化性。例如，定窑位于宋代定州，即今河北省曲阳县（In the Song D ynastyD ing K ilns w ere located in D ingzhou, w hich is nowQ uyang County, H ebei Province）。除了龙泉窑与景德镇窑的地名未变，其他宋窑的地名已发生嬗变，对外传播时应做类似释疑。

古法烧制陶瓷离不开一些传统窑具，要使翻译无误，首先须了解其功用：匣钵是用以盛放陶瓷坯体的容器；垫饼是用以隔离坯体与匣钵的饼状垫片；棚板是用以支撑陶瓷坯体的板材；照子是用以检验窑火的坯片。弄懂术语含义，翻译自是水到渠成：匣钵（saggar）、垫饼（support plate）、棚板（refractory slab）、照子（sam ple for fire testing）。科技发展催生了新型窑具，提高了烧制效率与瓷器质量。如果说传统窑炉术语富有浓郁的民族特色，那么现代窑炉术语则具有鲜明的新创性与科技特征，这些特性不能漏译，如射频遥测仪（radiofrequency telem eter）、窑温跟踪器（kiln tracker）、窑内气体分层（stratification of hot gases）、料垛阻力（resistance of setting）、还原气氛（reducing atm osph-ere）、一次空气（prim ary air）。

②陶瓷机械设备术语译介

陶瓷机械提高了制瓷效率，运用广泛，按照生产工序分，主要有喂料机械、破碎机械、造粒机械、筛分机械、磁选机械、粉磨机械、搅拌机械、练泥机械、原料脱水机械、生坯干燥器、成形机械等。译介这类术语，要注意同国际接轨，防止因中外称谓不一"造成沟通、交流和贸易中的混乱，给企业带来经济与声誉上的影响"。下列译法值得借鉴，如造粒机械（prilling m achinery）、筛分机械（screening m achinery）、磁选机械（de-ironm achinery）、粉磨机械（pulverizing m achinery）、练泥机械（pug m achinery）、生坯干燥器（drier for greenbody）、成形机械（m olding m achinery）。

（三）陶瓷工艺术语译介

①陶瓷工艺原理术语译介

陶瓷工艺涉及的原理性术语较多，就釉料来说，有胚釉适应性、胎釉应力、釉的弹性、釉的润湿性、釉的高温黏度、釉的始熔温度等。现代科技的发展促进了陶瓷烧造工艺的革新和烧结技术的创新。按照压力分，陶瓷烧结技术主要有真空烧结、无压烧结、常压烧结、热压烧结、热等静压烧结、气氛加压烧结等。近年采用特殊的加热原理，又产生了微波烧结、放电等离子烧结、自蔓延烧结等新技术。

这类术语意义简明、理据可靠、专业性强，译介者只有了解相关工艺，才能传达其科技特征，如胚釉适应性（body-glaze adaptability）、胎釉应力（body-glaze stress）、釉的始熔温度（initial vitrifyingtem perature of glaze）、釉的高温黏度

（viscosity of g-laze in high tem perature），又如热压烧结（hot press-ing sintering）、热等静压烧结（hot isostatic pressingsintering）、气氛加压烧结（gas pressure sintering）、放电等离子烧结（spark plasm a sintering）、自蔓延烧结（self-propagating sintering）。

②陶瓷工艺流程术语译介

对于陶瓷工艺流程，明代科学家宋应星在《天工开物》中写道，"共计一坯之力，过手七十二，方克成器。其中微细节目，尚不能尽也"。传统制瓷工序是中华民族的发明和创造，是历代窑工与瓷匠的劳动智慧的结晶，极具民族性与中国性。在工序术语中，有些言简意赅，不难理解，如勘山、筛选、做坯、刻花、浇釉、烧窑等；有些则具有浓厚的地域性与专业性，令人费解，如制不、化不、利坯、剐坯、扼料、试照、捺水、把桩、挛窑、擂料、格色、扒花、荛草等。

这类工序术语若要在英语世界获得正名，首先需外化其内涵，然后再进行释疑。譬如翻译"制不"与"化不"，应知其中的"不"，音为 dǔn，意即砖状的瓷土块，实为制瓷原料；制不，是指把瓷泥制成"不"子，以便于船载和存行；化不，便是把"不"子在水中化开。再如利坯，也称修坯或旋坯，是指把半干的生坯放在转盘上，用刀修整，使坯体厚薄均匀、表面光洁；试照，是用照子检验窑火；捺水，指洗清坯体上的尘土，为后续画坯、上釉等工序做准备。又如把桩，又叫火头，简言之就是烧窑总管或总监；挛窑，是瓷业语，指砌窑和补窑；擂料，即研磨青花等生料。综上，将这些术语译为：制不（m aking brick-shaped chinaclay）、化不（dissolving brick-shaped china clay intow ater）、利坯（trim m ing）、试照（testing kiln fire bysam ple）、捺水（cleaning green body）、把桩（chief inspector in firing kiln）、挛窑（repairing kiln）、擂料（grinding raw m aterial）。

（四）陶瓷产品术语译介

限于题旨，暂不讨论陶瓷产品或作品个体的翻译，如元青花海水白龙八方纹梅瓶、北齐黄绿釉龙柄凤首壶等等，现主要探索陶瓷产品类别的译介，期望"与大多数国家的命名保持一致"，以防止因为"分类名称翻译混乱使技术工作产生差错"。

陶瓷产品种类繁多，因"地"得名的有景德镇瓷、醴陵瓷、德化瓷、钧瓷、汝瓷、龙泉青瓷等；因"质"得名的有硬质瓷、软质瓷、骨瓷、长石瓷、高石英瓷、莫来石瓷、绢云母质瓷、木质陶瓷等；因"形"得名的有薄胎瓷、裂纹瓷、玲珑瓷等；因"颜"得名的有青瓷、青花瓷、青白瓷、鸭蛋青瓷、粉彩瓷、颜色釉瓷等；

因"时"得名的有仿古瓷、原始瓷、现代瓷等；因"异"得名的有纳米陶瓷、生态陶瓷、特种陶瓷、发光陶瓷、变色陶瓷、超塑性陶瓷、有机改性陶瓷等。

　　陶瓷产品类术语具有术语的本质属性，有些还具备科技术语的基本特征，有些则具有传统陶瓷术语的中国性或现代陶瓷术语的新创性。此类术语译介应反映出其所蕴含的属性、特征及特性。因地而名的以音译、意译为宜，如景德镇瓷（Jingdezhen porcelain）、醴陵瓷（Liling porcelain）、汝瓷（Ru porcelain）、龙泉青瓷（Longquan celadon）。因质而名的以意译为主，如硬质瓷（hard porcelain）、软质瓷（soft porcelain）、长石瓷（feldspar/feldspathicporcelain）、木质陶瓷（woody ceram ics），间或采用音意译法，如莫来石瓷（m ullite porcelain）。因形而名的以意译为准，如裂纹瓷（crackled porcelain）；薄胎瓷，又名蛋壳瓷，故译成 eggshell porcelain；玲珑瓷，是指表面带有米粒状剔透的玲珑眼的瓷器，外国人称其为"嵌玻璃的瓷器"，故此译作 rice-pattern porcelain 或 glass-em bedded porcelain。因颜、因时而名的以意译为宜，如青花瓷（blue and white porcelain）、青白瓷（greenish white porce-lain）、颜色釉瓷（color glazed porcelain）、粉彩（fam ille rose porcelain），如原始瓷（proto-porcelain）、仿古瓷（archaistic porcelain）。因异而名的以意译为佳，如纳米陶瓷（nanom eter ceram ics；nano-ceram i-cs）、生态陶瓷（eco-ceram ics）、发光陶瓷（lum inescentceram ics）、变色陶瓷（chrom ic ceram ics）、超塑性陶瓷（superplastic ceram ics）、有机改性陶瓷（organicallym odified ceram ics）。

　　近年来我国在经济领域取得了巨大成就，但科技文化的国际影响并未同步扩大。要想从世界大国变成世界强国，必须在经济、科技等诸多领域拥有更大的话语权。陶瓷，对内是国之瑰宝，是传承中华优秀文化的重要载体；对外是国家名片，是中国走向世界、世界认知中国的重要标识。陶瓷若要成为提升我国国际影响力的助推器，就应加强陶瓷文化对外宣传及陶瓷话语体系构建。其中，陶瓷科技术语的翻译传播任重道远。陶瓷科技术语具备术语的本质属性，具有科技术语的基本特征，还具有传统陶瓷术语的中国性或现代陶瓷术语的新创性。科技术语常常采取直译、意译、音译、形译、释疑等方法，有时需要综合运用这些译法。了解和掌握陶瓷科技术语的谱系特征与译介方法，有利于"中国陶瓷文化话语结构双轨化及话语表征双语化"，有利于增强陶瓷科技术语的翻译传播效能，促进中外陶瓷科技的交流与互认。[①]

---

① 欧飞兵.陶瓷科技术语的文化谱系特征与翻译传播[J].景德镇学院学报,2021,36(04):1-5.

参考文献

[1] 王英鹏.跨文化传播视域下的翻译功能研究 [D].上海外国语大学，2012.

[2] 张隆溪.中国文学和文化的翻译与传播：问题与挑战 [J].贵州文史丛刊，2015（01）：1-4.

[3] 王洋.浅析中西方文化差异对翻译的影响 [J].学习月刊，2015（24）：31-32.

[4] 张永中，彭瑶.文化外译传播的多路径研究及演变趋势 [J].科技传播，2021，13（22）：58-60+73.

[5] 尹飞舟，王佳娣.中华文化走出去的理论新视角：翻译传播过程的四种模式 [J].求索，2021（02）：44-50.

[6] 徐美娥.翻译中文化信息传播的失真 [D].江西师范大学，2005.

[7] 严兰，范玉金.文化的失落：符号转换中的民族文化对外传播问题初探：以中国古典文学翻译为例 [J].新闻世界，2011（09）：268-269.

[8] 尚亚宁.跨文化传播视野下影视翻译对译者的要求 [J].电影文学，2011（15）：152-153.

[9] 岳启业.中国文化"走出去"：基于传播要素分析的翻译选材原则 [J].湖北经济学院学报（人文社会科学版），2021，18（01）：111-114.

[10] 陆礼春.翻译和文化的建构与传播：兼论韦努蒂的抵抗式翻译策略 [J].广西民族师范学院学报，2021，38（01）：100-104.

[11] 胡爱华.翻译在跨文化信息传播中的"边界"标准 [J].青年记者，2019（15）：67-68.

[12] 郭歌.跨文化视角下文化翻译传播属性关键因素分析 [J].湖北科技学院学报，2014，34（06）：122-123.

[13] 梁倩.论翻译的归化异化与文化传播 [J].海外英语，2012（02）：151-152.

[14] 赵丹，薛轶.归化与异化翻译在中国文化对外传播中的应用 [J].中国冶

金教育，2021（04）：116-118+124.

[15] 曾真.论"归化"与"异化"策略在英译汉中的文化传播作用：以《权力的游戏》台词翻译为例 [J].英语广场，2021（25）：48-50.

[16] 粟千.外宣翻译对跨文化传播的影响 [J].旅游纵览（下半月），2019（22）：231-232.

[17] 蔡彩，刘铁祥，屈冬春.众包翻译对中国跨文化传播的作用 [J].英语广场，2019（05）：42-45.

[18] 李芦生.试析模糊翻译在陶瓷文化传播中的应用 [J].北极光，2019（10）：106-107.

[19] 王璐.新媒体在中国茶文化中的传播和对外翻译中发挥的作用 [J].佳木斯职业学院学报，2020，36（01）：174-175.

[20] 邹高飞.中国文化软实力构建中的对外翻译传播构建初探 [J].知识文库，2018（13）：43.

[21] 钟智翔.中国故事与中国声音的跨文化翻译与传播 [J].天津外国语大学学报，2021，28（06）：25-29.

[22] 王辉，付有龙，游英慧.中国特色词翻译与中国文化对外传播 [J].出国与就业（就业版），2012（02）：108-109.

[23] 陈麦池，张君.武术术语翻译及其跨文化传播 [J].淮北师范大学学报（哲学社会科学版），2012，33（02）：104-108.

[24] 龙磊.民间饮食文化的传播与菜名的翻译 [J].语文学刊（外语教育与教学），2011（08）：84-85.

[25] 王娜，闻永毅.中医药文化对外传播中的翻译传播学研究 [J].西部中医药，2021，34（02）：158-160.

[26] 欧飞兵.陶瓷科技语的文化谱系特征与翻译传播 [J].景德镇学院学报，2021，36（04）：1-5.